『消息詞』についての研究

目次

第一章　『消息詞』の書誌と類型　1頁
第一節　『消息詞』について　1頁
第二節　往来物の歴史・類型と『消息詞』　5頁
第三節　古辞書と『消息詞』　21頁
第二章　『消息詞』の所収語彙　24頁
第一節　辞書類により意味が確定できる語彙　24頁
第二節　文書用例により意味が確定できる語彙　33頁
第三節　他の方法により意味が確定できる語彙　47頁
第三章　『消息詞』の編纂方法　50頁

第一節　『消息詞』における書簡用語　50頁
第二節　『消息詞』の分類　51頁
第三節　グループ分析の方法　54頁
第四節　グループ分析　56頁
第一項　進上グループ　56頁
第二項　者　依　天氣内仰グループ　58頁
第三項　御返事グループ　61頁
第四項　可給候グループ　65頁
第五項　裁許グループ　72頁
第六項　罪過グループ　82頁

第七項　委細グループ　92頁
第八項　慶賀グループ　98頁
第九項　引汲グループ　103頁
第十項　可令相計給グループ　110頁
第十一項　可令奏達給グループ　118頁
第十二項　可令察給グループ　125頁
第十三項　丁寧グループ　130頁
第十四項　披露グループ　139頁
第十五項　無用グループ　145頁
第十六項　迷惑グループ　150頁

第十七項　御祈グループ　155頁
第十八項　無隔心グループ　160頁
第十九項　善悪グループ　164頁
第二十項　往来グループ　171頁
第四章　『消息詞』の構造　177頁
第五章　『消息詞』の辞書史上の位置付け　187頁
第一節　『消息詞』の辞書性　187頁
第二節　室町期成立『色葉字』の調査　189頁
第三節　『消息詞』と『色葉字』　211頁
第六章　まとめ　212頁

註　215頁
引用文献　218頁
参考文献　218頁

第一章　『消息詞』の書誌と類型

第一節　『消息詞』について

『消息詞』は、白石正邦氏が紹介されて以来、世間に知られるに至ったものであるが、白石氏の紹介した古写本は、後の付随物が混入しているものであって、消息詞の本来の姿は、以下に述べる尊朝法親王自筆の一本のごときものであると思われる。

白石氏紹介の一本は、前田家尊経閣文庫蔵本で、（白石氏の転写本によって岡村金太郎博士が写された一本は、東京大学図書館に存する。）その本には、巻初に『山密往来』の抄出（三月状の初めの抄出以下八箇条）と『常途往来』の一部分の抄録とが添加してある。この事は既に石川謙博士が論ぜられたことであるが、それ等は、本書の撰者が菅原為長である点からも後の混入とすべきであろう。江戸の版本にもこの種の混入は無く、末尾には「此表畳字裏消息者祖師大乗院宮贈一品親王芳跡尤謂至宝也　臨池末流（花押）親王」とあり、尊朝法親王筆本を版下として模刻したものである。しかし、川瀬一馬氏所蔵の一本は、尊朝法親王の自筆にかかり、『書状文字抄』と合写され、末尾に「此一冊電覧之次則令書了　追而可書改者也　天正十五暦仲秋下旬　東麓野僧」と書いてあり、巻首に「青蓮王府」の朱印記がある。

天正十五年『消息詞』の書誌的な概要は以下のようである。写本一冊。川瀬一馬氏所蔵。表紙には「消息詞・書状文字抄　天正十五年　尊朝親王筆」と書いてあり、内題は無し。表紙裏の右上に「消息詞」と大題が書いてあり、同じ所に「青蓮王府」と朱印が捺してあり、その下に「大蔵卿為長作」と書いてある。全二五丁、毎丁六行書き。落丁無し。総語数は七七八で、所収語彙には片仮名で傍訓が施してある。何らかの基準により分類が施されており、各類の最初に△が付いている。語彙の側に異本の漢字表記を小さい字で記すものがいくつかある。巻尾には「甲　鎧　腹巻　太刀　刀　弓箭」という書き入れがある。

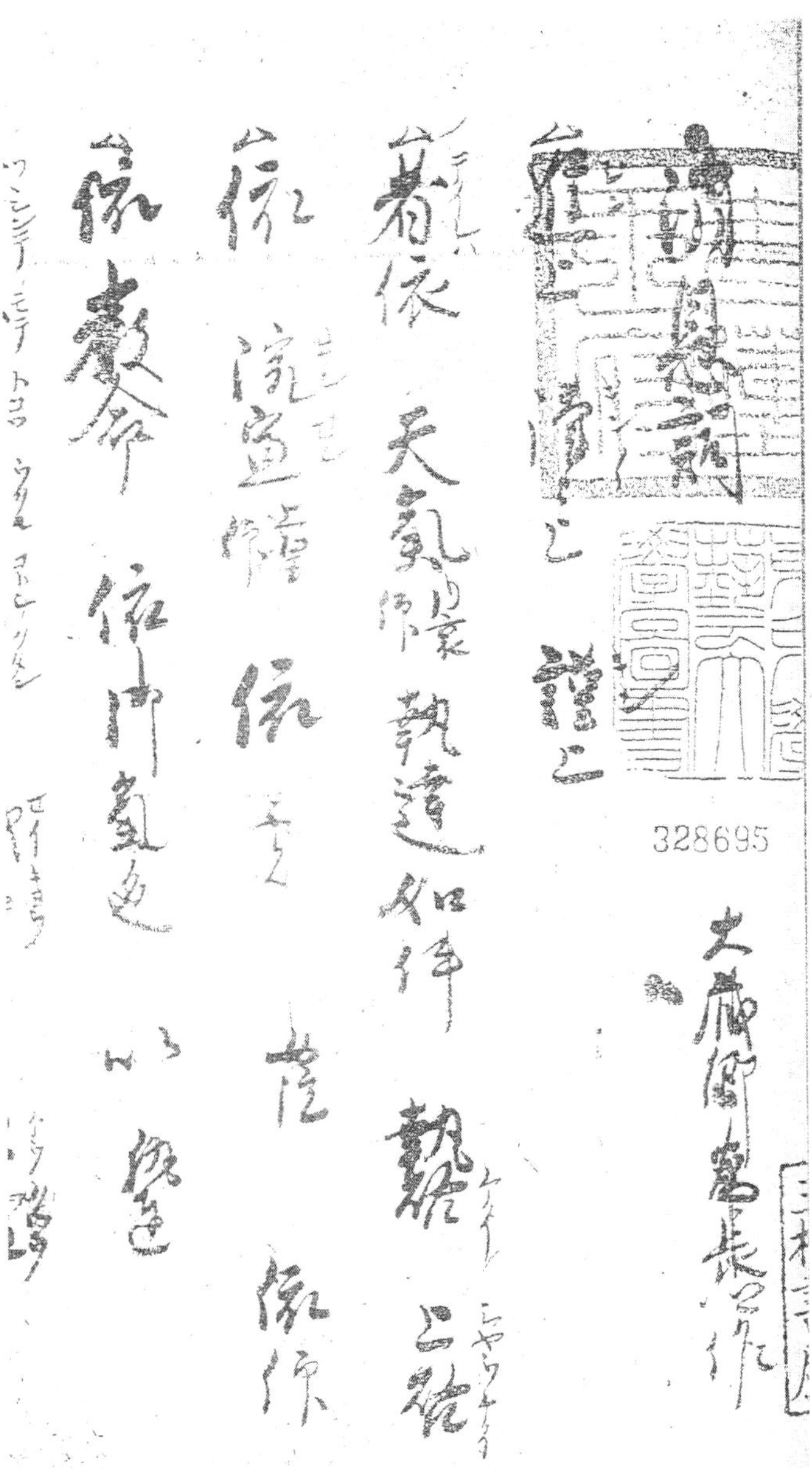

図一　川瀬一馬氏所蔵天正十五年尊朝親王『消息詞・書状文字抄』の影印版　一丁表

東京大学図書館蔵本は、岡村金太郎博士が、大正七年に、尊経閣文庫蔵本を底本にして写された一本である。折本の形態である。巻首には「消息詞　為長作」と記してあり、巻尾には「此〈表〉畳字〈裏〉消息者祖師大乗院宮贈一品親王芳跡尤可謂至宝者也　臨池末流（花押）右尊円親王真跡表裏者昔年於京師双鉤之蔵于吾家也。如今翰香館老契来刻而欲公爾世点是因贈之而已。会津五峯　小林義文」と識語がある。所収語彙は、天正十五年本の十五丁裏五行の「不（ス）四可（ヘカラ）三有（アル）二他（タ）聞（ブン）一」までになり、畳字は収載されていないし、傍訓が施されていない。

石川本は、前田家蔵『消息詞』を底本に書写したもので、石川謙氏による書き入れがある。表紙に打ち付けに「為長卿消息詞」と書かれている。内題あり。前半の所収語彙は、天正十五年本とほぼ同じであり、書簡用語や公事用語、そして畳字になるが、分類は施されていない。畳字の直後には、さらに短句が続いていて、「或人消息詞」が付記されている。全体は十二葉、毎半葉八行書き、巻首大題の下に「謙堂文庫」の印が縦に捺してあるが、奥書は無い。所収語彙には傍訓が施されている。

第二節　往来物の歴史・類型と『消息詞』

『消息詞』は、従来の研究において、往来物に分類する説と、古辞書に分類する説と、二説がある。そこで、この第二節においては、往来物の歴史と類型を概観し、それらにおける『消息詞』の位置付けを確認する。本節は、主として石川謙・石川松太郎氏著『日本教科書大系　往来編』、石川松太郎氏著『往来物の成立と展開』を参考としつつ、記述を行った。

往来物が作られ学ばれるようになった時期は、十一世紀の中ごろ、平安時代の後期にさかのぼらせる事ができる。往来物または往来というのは、もともと、進状・返状といったように往返一対の手紙をいくつも収録して初歩教科書のかたちに編集したものを意味した。

「往来」ということばが、教科書史上の成語として登場したのは、十一世紀の後半、平安時代の後期であって、『新猿楽記』に「消息」と肩を並べて、数ある文体の一つとして取り上げられているのが、最初であろう。この書と著者の藤原明衡によって、『明衡往来』が編まれたという伝説を、伝説どおり受けとるとすると、「往来」と名乗る教科書が生まれたのも、同じ時期であった。「往来」（という教科書）は、日常生活に必要な文字と事柄（知識）とを教えるために編集したものであって、必ずしも漢字・漢文を学習する階梯として編んだのではなかった。日常生活に役立てることがねらいであった。このようなねらいで、日本人自身の手によって編まれた教科書は、往来物が登場する以前から、いろいろ試みられたものの、生活に直結する手紙の形をとって、往来物が登場してからは、この形態が年とともに普及して、他を圧倒して、初等教科書界の王座を占めるようになった。それは、十二世紀の後半、鎌倉時代初期の頃からであろう。以来、十九世紀の後半、江戸時代の末期にいたるまで、いよいよ隆昌を加え、『実語教・童子教』のような手紙の文体とは縁遠いものも含めて、初等教科書として使用されるすべての本を、往来もしくは往来物と呼ぶようになった。なお明治時代、いわゆる近代になっても、その十年代（１８６８－１８８０）までは、文部省の指導による新制教科書と肩を並べて、つぎつぎに新しい往来が編集されて、さかんに使用された。

往来物と呼ばれた初等教科書の編集形態が、八〇〇年にもわたって持続せられたこと、しかも、ほぼそれに近い年月にわたって、実際に使用した原本が保存せられたこと、その普及の跡をうかがわせる異版・重版をも加えて、六〇〇〇部を超えること、などを考えると、ひとり初等教科書といわず、初等教科がたどった発達の足跡を、如実にたどることができる。これは、日本の、地理的、社会的な環境から生み出された、独自な事柄であった。

往来物を通して考えられる、初等教育の発達の一つに、学習者の身分が、時代によって変化したことがある。平安時代では中流以下の貴族の子弟が、主要な対象であったが、鎌倉時代、南北朝時代になると、貴族の子弟とともに、上流武家の子弟が寺院に寄宿して学ぶ風習がおこった。室町時代から安土桃山時代になると、中流以下の武士が、自分の家庭か師家かで学習するものが多くなる。そうなると、一日の学習時間も短くなり、学習に費す年限も短くなるので、この期に編まれた往来には、貴族的教養に関する教材を削って、もっぱら武士の日常生活に関係の深い知識（文字）を、できるだけ縮約して、単語本位に編集した、短編の往来が多くなる。編集者も、前期（鎌倉・南北朝時代）では、名ある僧侶が多かったが、この期になると、市井の書家や無名の僧侶が多くなった。時に名ある武将や、貴族中、とくに高貴な人や手に成った往来物も、現われはしたものの、極めて稀であった。もう一つ、この期にできた往来で、注目されるのは、地方分権の大名制度を背景にして、城下町を中心にした、地方本位の往来物が出現したことである。江戸時代になると、庶民階級の台頭に伴い、職種職業用の往来が簇出したこと、参観交代制と国民経済体制の発達とに呼応して、大都会と城下町とを、産業上、交通上から結びつける地理教科書が続々と出板されたこと、児童観の発達に応じて、往来内容の分化と種類の増大とをもたらしたのであった。

往来物を授けた教育経験と、児童観の発達と、学習方法論の成長とが、編集方式の発達を呼びおこした。大きく分けて言えば、手紙の文章そのままを集めた消息文例集から出立した往来であったが、初めから、まるまる消息文例を授けることの、無理をさとった経験から、もう一歩前の準備段階として、消息文にしばしば現われる消息用語、日常生活の常用語を、単語とし、または短句として教える方法が発見された。これが短句集であって、鎌倉時代の中期頃から現われ初めた。ところがこれでは、初歩教育の仕事が二つに別れて、短句集と文例集との二階建てになって、武家の子弟の教育からいうと、手間がかかりすぎると思われたところから、一つの消息文を二つに裂いて、その中腹に単語集団をはさむ編集方式が、南北朝時代に入って登場してきた。「十二月往来型（消息文例集）と拾要集（語句集）との複合体」とも「庭訓往来型」とも呼ぶ、第三の類型がそれであった。ところが室町時代になると、一つの事件、一つの地域の生活生態をとり上げて、その対象の説明を主としたところから、消息文体をはなれて、記事文体、いろいろな公用文体を集めたのような編集様式があらわれてきた。さらに江戸時代になると、知識開発を主とする教育要求が強くなって、手習うことで学習する方式と並んで、読むことによって学ぶ型式が生長したところから、美文体、韻文体の出現を見て、消息文例集、語句集、古状型、記事文、美文体、韻文体、など種々の文体が、とり扱う教材次第で自由に使用せられた。こうしてこの傾向は、明治時代に入って、ますます顕著になって、平安以来、順を追って発見してきた「発達」の筋目を、いかにもよく実証している。

以下、往来物の種類を概観する。

1　消息文例集

※明衡往来型

教科書群中の一類型として、「往来」と呼ばれるようにもなったのは十一世紀の中ごろからであって、『明衡往来』を以て先蹤としている。

『明衡往来』は、平安中期より後期にかけて活躍した中流貴族、藤原明衡の作と伝えられる〔確証はない〕。構成は、かつて一度は手紙として役立ったものや、また手紙としてすぐ役立つことを目的として綴った手紙文案など合わせて二〇九通より組み立てられ、内容はおおむね、平安貴族の日常生活や儀式・行事に関する事柄である。けれども、内容全体を貫き統一をあたえている教育目的や学習目標は全く見られず、それぞれの手紙が、それぞれの時と場所で別個に役立つように構成されているのが特徴といえよう。

『明衡往来』のように手紙〔消息〕文ないし文案をもって内容を構成している往来を「消息文例集」と呼び、その中でも、手紙文・文案を一定の計画や脈絡を考えることなく集めた往来を特に「明衡往来型」と名付けている。この類型は、明衡往来〔藤原明衡作、平安中期〕、東山往来〔僧定深作、平安末期〕、季綱往来〔藤原季綱作、同上〕、貴嶺問答〔中山忠親作、鎌倉初期作〕、弟子僧往来集〔作者不明、鎌倉時代〕、南都往来〔作者不明、南北朝時代〕、消息往来〔作者不明、室町初期〕、鎌倉邑往来〔作者不明、室町中期〕、賢済〔才〕往来〔作者不明、室町中期〕、会席往来〔作者不明、室町中期〕、貴理師端往来〔作者不明、室町後期〕の一〇部を数える。編集の方法がたやすく誰にでも作りやすかったためもあって、中世末期まで、本類型の往来がたえまなく出現している事実が注目される。なお、『明衡往来』と『貴嶺問答』の二往来、わけても前者は近世に入って公刊されることにより、著しい普及の足跡を遺している。

※十二月往来型

　鎌倉時代の初期、十二世紀末葉に作られた『十二月往来』〔作者不明〕になると、同じ消息文例集ながら、教科書としての編集形式や体裁を整えようとする努力が現われる。即ち、この往来は一年一二箇月の月月に所収の手紙を配当して、新年状ではじめ歳暮状で終る形式を厳格にまもり、一箇月のうちに往返二通ずつを収め、全編二四通をもって完結している。内容は各手紙とも、その月の貴族生活にかかわる主要な行事や節会を主題とし、模範または模型としての手紙文例を公式なかたちで児童にしめし習熟させるのを主なねらいとしていた。『十二月往来』のような編集形式を内容とをそなえたものを、ひとまとめにして「十二月往来型」と名付ける。菅丞相往来〔作者不明、平安中期〕、西郊往来〔作者不明、同上〕、十二月往来〔作者不明、鎌倉初期〕、新十二月往来〔後京極良経作、鎌倉前期〕、御慶往来〔作者不明、鎌倉後期〕、異本十二月往来〔作者不明、鎌倉時代〕がある。右のうち、『菅丞相往来』と『西郊往来』とは、本書に先だつ平安後期に作られている。けれども、前者はまったくの漢文体であって、往来がもともと日用の和漢混淆文体を主として使っていたのに比して様相をすこぶる異にするものであるし、後者は原題が不明であるうえに残闕本しか伝わらず、普及の足跡をほとんど遺していない。よってこの『十二月往来』が本類型の代表に選ばれるわけであるが、編集形式・内容、わけても後者があまりにも公式的で具体性を欠き時代の要求にこたえられなくなり、南北朝・室町時代以降になると、本類型の往来はひとつも作られてない。もっとも、全状を十二箇月にあてはめて、一二通・二四通・二六通をもって組みたてたものは、古往来のみでも一一種をかぞえ、近世にいたっては枚挙にいとまがなく、後世への影響がいかに大きかったかが察せられる。なお、十二月往来型のなかでは、『菅丞相往来』が近世になって上梓され、しかも版を重ねて普及した。

※釈氏往来型

十二月往来型と平行して出現したのが、「釈氏往来型」と称される一群の往来物である。消息文例集の形状をとりながら、手紙文の内容が専門的で、ある特定の職分・学問に限られている。したがって特定の身分または学問を望むものにとって適切な教育内容に限定しているところに特徴があり、『釈氏往来』をもって先駆とする。この往来物は、平安末期に仁和寺第六世の座主であった守覚法親王（一一五〇－一二〇二）が作ったもので、二七双・五四通の手紙文より成り、内容は、高位の僧侶間、僧侶と朝廷の役人との間にかわされた問答のかたちによって、上級寺院の行事・儀式について記してある。この類型には、左の七種が数えられる。釈氏往来〔守覚法親王作、平安末期〕、和泉往来〔僧西室作、平安末期〕、垂髪往来〔僧愚宝作、建長五年（一二五三）〕、手習覚〔學〕往来〔作者不明、鎌倉中期〕、山密往来〔僧正実厳作、応安六年（一三七三）〕、十二月消息〔作者不明、室町初期〕、蒙求臂鷹往来〔松田宗岑（　－一五五九）作、室町後期〕である。これのうち『釈氏往来』は、近世の元禄一三年（一七〇〇）に公刊されて普及した。

2　語句集

※消息詞型

中世、鎌倉時代にはいると、子どもたちに、いきなり手紙文を丸のまま教えこむのではなく、手紙文、ひいては日常生活に頻用される単語・短句・短文を集めた教科書が工夫されるようになった。こうした往来の先蹤に位置するのが『消息詞』である。この往来は、鎌倉時代の中葉に大蔵卿を勤めた管原為長の作であって、内容は「御札・貴札・芳札・厳札・恩札・・・・」といったように、日常の手紙文によく使われる単語・短句を列挙してある。単語・短句集であるから、教師の識見や学ぶ者の年齢・興味・能力によって、どこで切ってもよければ、どこまで続けてもよく、ある語、ある句を添加してもよく、削ることもできた。ここに「初歩教科書」を作ろうとする活発な動きと、学習方法についての積極的な工夫の跡がうかがわれる。『消息詞』のような編集の形式ならびに内容を持ったものを「消息詞型」と呼ぶこととすると、以下の五種がこの類型に属する。消息詞〔菅原為作、平安中期〕、常途往来〔作者不明、鎌倉時代〕、消息手本〔上杉謙信作、永禄一一年（一五六八）〕、消息手本〔作者不明、天正四年（一五七六）〕、消息手本〔鳥養宗晰、天正一一年（一五八三）〕である。右のうち『常途往来』は、近世中期の享保八年（一七二三）頃公刊されている。また、上杉謙信作の『消息手本』以下はすべて、武家の子弟を対象に作られたものである。中世でも南北朝・室町時代以降になると、武家の仕事や生活を目途にいた往来が増加してくるのが顕著な現象である。

※雑筆往来型

消息詞型に続くのが雑筆往来型であって、先駆の『雑筆往来』は作者は全く不明ながら鎌倉中期の作と目される手本である。『消息詞』が単語中心であったのに比べ、手紙文に必要な短句・短文をたくさん教えこむことを目的として編集されているのが特徴であり、朝鮮では日本語の通辞を養成するための指定教科書および試験用参考書のひとつに選ばれ（『経国大典』巻之三）、またイエズス会の宣教師に日本文・日本語を習わせる目的から用いられたほどに普及した。（原本はキリシタン版『倭漢朗詠集』一六〇〇年刊の中に所収。スペインのエスコリヤル旧王室図書館所蔵）。『雑筆往来』の編集形式ならびに内容に倣った、いわゆる「雑筆往来型」は、以下の三種を数える。雑筆往来〔作者不明、鎌倉中期〕、新札往来〔僧素眼作、貞治六（一三六七）〕、尺素往来〔伝一条兼良作、室町中期〕である。このうち『雑筆往来』は近世にはいった寛文七年（一六七七）に、『百也往来』の名で、また『尺素往来』は『新札往来』の内容に増補を加えたもので同八年に、それぞれ公刊されて普及の途をたどった。

※拾要抄型

雑筆往来型のように短句・短文ではなく、二字・三字・四字から成る単語（成語・熟語）について学習させるのを目標にした手本で、しかも語の選択にあたっては、百科的知識と日常生活への実用とを主要基準としたものに『拾要抄』がある。青蓮院流（後の御家流）を開いた尊円親王（一二九八－一三五六）が康永二年（一三四三）四月二九日に作られた往来で、内容は畳字門と事項門とによって構成されている。前半の「畳字門」は、いろは引き単語集であって、一六八四語を収める。後半の「事項門」は、諸国・京条里・官次第・衣服・楽器・名所百首題・牛馬など二六部門をたてて一三一五語を収める。近世にはいって、これらのうち、畳字門はさまざまの字尽型往来に、また事項門のほうは「日本国尽」「京町尽」「百官名尽」といった名寄型往来に改編されて流布を遂げた。拾要抄型は、左の二種を数える。拾要抄〔尊円親王作、康永二年（一三四三）〕、大乗院雑筆集〔尊円親王、南北朝時代〕である。

※瑣玉集型

成語・熟語をさらに砕いて、一字一語の文字を集めて、これを分解したうえで、もう一度統合して、意味と読みと書きとを、同時に教えるように工夫したものに『瑣玉集』がある。信州の小管山麓に住む比丘円一なるものが、南北朝時代の康応元年（一三八九）八月に作ったとされ、五四四句（二七七聯）を収めている。記憶しやすく理解しやすくして、初学者にたいする学習効果をあげようとしたのが特徴といえよう。近世にはいって刊行された『小野篁離合歌』〔井上忠兵衛梓、天和三年（一六八三）刊〕や『弘法字尽』〔山形屋吉兵衛梓、貞享ころ（一六八四－八七）刊〕などは、いくらか変型した『瑣玉集』と称して差しつかえない手本であって、これらを一くくりにして瑣玉集型と呼んでいる。

3　十二月往来型と拾要抄型との複合体

※庭訓往来型

南北朝時代より室町初期にかけて（十四世紀中頃～後半）、武家や上層庶民の子弟が、家庭や寺院において、文字を手習い学問を修める風が一般化してくると、かれらを目途に編まれた往来が出現した。その代表的なものの一つが『庭訓往来』である。本往来の作者には、鎌倉末期から南北朝時代の碩学であった玄恵が擬せられるけれども確証はなく、内容から、このころ中層の武家が、かれらの子弟を対象に撰作したものと思われる。『庭訓往来』は二五通の手紙文から構成されている。すなわち、一二箇月に手紙文を分配して、一箇月往返二通ずつ計二四通と「八月十三日状」一通をくわえた二五通から成りたってい るのである。このように、月月に手紙模範文ないし模型文を配してゆく方法は、既述の『一二月往来』を代表とする一群の往来において開発されたものであるから、『庭訓』の独創とはいえない。けれども、本往来に収める手紙文は、模範文・模型文としてのみ提示されているものではない。それぞれの手紙のなかに数多くの語彙を類別に列挙した単語集団をもうけて、これを手習わせるのを大切な目的のひとつとしている。もっとも、手紙文練習には生活に要用の単語をあつめて書きならべ学習させようとする試みは、すでに述べた『拾要抄』などで行われているのであって、これも本往来の専売特許とするわけにはいかない。本往来における編集方法上の特徴は、前記『十二月往来』と『拾要抄』とを折衷したかたちにしているところ、すなわち、類別単語集団をはさんで二つに分割された手紙文の半分ずつを首尾の両端にすえ、つなぎ合わせるとまとまった一通の手紙となるよう工夫してあ る点に見られる。『庭訓往来』が採りあげている主意・題材は多種多彩と形容してさしつかえないであろう。平安時代以来の、貴族社会の行事とも言える新年の会遊〔一月状〕・

詩歌の会宴〔二月状〕も扱っているし、鎌倉時代の往来物から見えはじめる盗賊討伐への出陣〔六月状〕・司法制度・訴訟手続〔八月状〕といったようなものも収めている。さらに室町時代のどれもが着目していた、寺院における大法事〔九月状〕・大斎の行〔十月状〕・遊芸〔田楽か〕の競技会〔七月状〕などもとりこんである。それと同時に室町幕府の政権が固まりかけてきたころの情況かと推測される時勢、即ち、一方では将軍の権威が確立し、他方では地方領主の地位が安定し、領国が繁栄しはじめたと推察される時勢を描いたものが、はなやかに登場してきている。『庭訓往来』は平安・鎌倉時代より南北朝時代にかけての教育遺産を多分に継承してはいるものの、室町・江戸時代にむかって前進する新しい教育観への第一歩をふみだした、当時としては新鮮な手本であったと解される。言い換えると、庶民勢力の台頭と近世的経済体制への指向と形容できるような社会の動向に即して教育分野の内壁におこりかかった生活本位・実用本位を座標軸に教材をあつめ記述を進めているところから、『庭訓往来』は教育史ばかりではなく、政治史・経済史・文化史・風俗史はじめ、様々な歴史分野に貴重な資料を提供できる文献ともなりえたのである。

※庭訓往来系

室町時代より江戸時代を経て明治の初年にいたる約五世紀もの間の『庭訓往来』の普及は、「おびただしい」の形容がぴったりであった。安土桃山時代以前、あるいは十六世紀の終末までに筆写された、いわゆる古写本のみでも三〇点をこえて、どの古往来の点数をもはるかに凌駕している。学ぶ者の学習目標に即して、様々な編集の方法ないし形態を採りながらも、本文内容のほうは改変を加えずにそのまま踏襲したものを「庭訓往来系」と称する。学習目標に即した編集方法・形態上の諸特徴をふまえて、以下の四系に分類することができる。

手本系・・・手習のみを目途として編まれたもので、したがって、文字の読みかたや内容の理解を直接の学習目標としていないもの。美濃判・超大判といった大きい型に製本し、一面を四～六行、一行を九～一五字程度に押さえて行草書の大字に記して、句読点・送りがな・振りがななど、いっさい施していないのが特徴である。

読本系・・・手習の手本としてのみでなく、本文を構成する文字の一つ一つについて、その読みを学習させることをねらいとしたもの。手習系と同じく、本文の漢字一つ一つを行草書体の大字に記し、その右側に読みをふった片点・総ふりがな付き〔たいていは平がな〕、あるいは両側にふった両点・総ふりがな付き〔左側は普通本文以外の読み〕など、種々の形態がある。

注本系・・・『庭訓』に採られている単語や短句、あるいは文意について、「注」の形で解説を試みた往来。施注の方法・文体や内容は、時代とともに、庶民の子どもの興味にうったえ、理解の手がとどくように改変されていく動向をたどることができる。

絵抄系・・・上記の動向と同じ延長線上から、挿絵をもうける、つまり子どもの視覚にうったえて理解を早め正確にしようとする工夫が開発されるに至った。こうした目標と方法とで編まれた『庭訓往来』を、ひとくくりに「絵抄系」と呼ぶ。

「十二月往来型と拾用抄との複合体」、すなわち『庭訓往来』の編纂方式・方法に類したものに『異制庭訓往来』『新撰類聚往来』『快言抄』などの諸往来がある。

▲『異制庭訓往来』

「百舌往来」「新撰之消息」など、さまざまの書名が付けられている。『庭訓往来』よりも早く、南北朝時代、延文から応安のころ(一三五六―一三七二)に作られた往来で作者は不明。一二双・二四通の手紙文より構成され、この間に仏教・漢字・教養・人倫・職分職業・衣食住・武具などの諸分野についての単語集団を収めてある。寛正三年(一四六二)筆と伝えられる『百舌往来』〔陽明文庫蔵〕、天文一四年(一五四五)筆の『新撰之消息』〔謙堂文庫蔵〕など数種の古写本があり、江戸時代にはいり、前期の天和三年(一六八三)には、小河多衛門(京都)の手で、『異制庭訓往来』の書名によって公刊された。

▲**『新撰遊覚往来』**

南北朝時代、応安五年(一三七二)以前に作られたと目される往来で、作者は不明。一二双・二四通の手紙文より構成され、この間に衣食住・遊戯・喫茶・香・学問・習字・和歌・連歌・管弦・仏事などの諸分野についての単語集団を収めてある。天文五年(一五三六)筆本〔高野山金剛三昧院蔵〕・天文一三年(一五四四)筆本〔謙堂文庫蔵〕など数種の古写本があり、江戸前期にはいって『尊円流庭訓続遊学往来』〔袋屋十良兵衛(京都)梓　寛文二年(一六六二)刊〕や『続庭訓往来』〔柏原屋佐兵衛(大阪)梓　元禄ころ(一六八八〜一七〇三)刊〕などの書名で公刊されている。

▲**『新撰類聚往来』**

室町時代の中期、明応・永正ころ(一四九二〜一五二〇)に作られた往来。作者は丹峯和尚。一二双・二四通の手紙文より構成され、この間に神祇・仏事・漢字・人倫・職分職業・衣食住・自然などの諸分野にわたって四一〇五語もの単語集団を収録している。教材の庶民化・実生活化が著しい往来。天正四年(一五七六)筆本〔東京大学国語研究室蔵〕の古写本があり、江戸前期の慶安元年(一六四八)には、敦賀屋久兵衛(大阪)の手で公刊されている。

▲『快言抄』
室町時代中期に作られた往来で、作者は不明。もとは一二双・二四通の手紙文より構成されていたはずであるが、現存唯一の古写本である大永四年（一五二四）筆本は、九月返状にいたる七か状のみの零本である。そしてこの間のみでも、以呂波字尽・分類字尽・俗名集・漢籍名・歌由緒語など三〇二一語にもおよぶ単語集団を収めている。なお『快言抄』は、江戸時代にはいって公刊された証跡はない。

4　教材内容の伝達を主とする諸文体の往来

十四世紀より十五世紀にかけて、室町時代前期にはいると、武家層の子弟や庶民層の子どもに、さまざまの知識を学ばせ覚えさせる必要が起こってきたところから、必ずしも手紙文体によらないで、種々の文体を使って諸教材を組み入れ組み立てた手本が作られるようになった。こうした手本の類も、初歩教科書用に編集されたという意味あいから、往来物と呼ばれるようにもなって、「往来」という概念のもつ範囲はますます拡大した。

※喫茶に関する教材を主としたもの

こうした往来物の中で、まず注目しなければならないのは、喫茶に関する教材、わけても、会宴の室飾り・宴会行事の次第・用意すべき諸道具・茶の批判などについて記した往来物である。作者不明ながら、南北朝後期ないし室町初期に作られたと目される『喫茶往来』が、これに該当する。六月状と五月状との二双・四通の手紙文より構成されているものの、手紙模型文・模範文を示す目的で編まれたものではない。特に六月状往返は完全な漢文体で、「候」とか「恐々謹言」とかの語句を用いているけれども、往来物常用のいわゆる和漢混淆文体ではない。すなわち、この往来は、千利休らが安土桃山時代に確立する「茶道」よりはるか以前の「闘茶」時代の具体的な様相を伝えるものとして、喫茶史のうえで重要な資料を提供している。

※歴史に関する教材を主としたもの

まず挙げられるのが室町時代の初期に作られた『富士野往来』〔作者不明〕であって、建久四年（一一九三）五月、源頼朝が催した富士野の巻狩と、ここを舞台に起こった曾我兄弟の仇討とを題材としている点に、最大の特徴が求められる。このように、歴史上の事件・人物をもって全編を構成しているところに、近世歴史科往来の始祖と目される理由がある。『富士野往来』はまた、武家層、その中でも祐筆となる者の役に立つことを企図しているため、手紙文体のほか、種々の文体の文書を収録している点でも注意されなければならない。なお、この往来は江戸時代にはいって、慶安五年（一六五二）、山本五兵衛（京都）の手で上梓され、さらに、天明四年（一七八四）〔西村与八（江戸）梓〕・文化元年（一八〇四）〔勝尾屋六兵衛（大阪）等梓〕と、版を重ねて普及した。

室町時代の後期になると、源義経の腰越申状・義経状はじめ、（熊谷）直実状・（平）経盛返状・（木曾）義仲倩見状・弁慶状、といった『平家物語』『源平盛衰記』などの軍記物語が収める多くの古状・擬古状より、一つのみを選びだして学ぶようになった。腰越申状・直実状・経盛返状のごときは、慶長五年（一六〇〇）刊のキリシタン版『和漢朗詠集』にまで収録されているところを見れば、その普及の度合がかなりのものであったと推測される。武家層にとって望ましい教材は、言うまでもなく武将たちの、英雄的なふるまいを叙述したものであった。完全な武家支配の世になってようやく、武家の胸中に理想としてえがかれた行動が、初歩教育の重要な教材の形で登場してきたのであった。

同じ室町後期におこり、時代を画するほどの戦乱となった応仁の乱について記したものに『応仁乱消息』（一名『応仁記一札』作者不明）がある。この往来は、まだ乱の終息しない時期、というより、真最中の文明二・三年頃（一四七〇～七一）に作られたものと目され、内容は以下の諸項より構成されている。(1)山名宗全の謀叛、(2)騒乱の前兆、(3)討伐軍の将細川勝元、(4)陣構えと戦争の状況、(5)武具・甲冑・その他、(6)足軽の出現、(7)今出川殿〔足利義視〕の動静、(8)窂〔浪〕人群の活動、(9)公家の没落・惨状、(10)都会人、田舎へ疎開、からなる。細川勝元側にたって山名宗全側を「謀叛」とみる立場をとっているもの、比較的公平な態度で、応仁の乱の発端と両陣営の構え、戦争の規模と状況とを描き、またこの乱の進行過程において登場してきた新勢力としての足軽・窂〔浪〕人、さらにこの乱に際会して没落していく公家、いたましい生活状況に追いこまれていく非戦闘員、などが克明に記されている。こうした点で本書は『富士野往来』や『腰越申状』とは、全く趣を異にした歴史科往来である、と言える。

※地理に関する教材を主としたもの

「教材内容の伝達を主とする緒文体の往来」のうちには、地理的な教材に重点を置いて編集・記述されたもの、近世地理科往来の先駆と目される幾つかの往来物がある。今日までに発見されている最古のものは、南北朝後期ないし室町初期に作られたと推測できる『十三湊新城記』〔作者不明、中層の武家か〕である。十三は青森謙津軽半島の西側、日本海に面した地域で、現在は一弊村にすぎないけれども〔「ジュウサン」と呼ばれている〕、中世より近世初頭にかけては安部〔秋田〕氏・南部氏の城下として、また京都など上方と津軽平野ないし北海道とを結ぶ商業上の中継地として隆盛を誇った都会であった。『十三湊新城記』は、正和年中（一三一二～一七）に安部貞季がこの地に城を築いた事実より説きおこし、地勢風土・社寺・産業・町々の隆盛にまで説き及んでいる。この『新城記』に類して、やや遅れて室町中期に成立したものに『十三湊往来』﹇作者不明、修験僧か﹈がある。主要な教材の選び方と配列の方法において、本往来は『新城記』と大同小異である。ただ、作者が修験僧と推測されるほど、『十三湊往来』のほうは、築城の主人の武威・仁徳や城郭の威容、郭内における武家屋敷の盛容などについての記述は簡潔であり、これとは対照的に、社寺の荘厳なたたずまいや行事、町々における商工業の繁栄についての叙述が精彩に富んでいる。

室町後期までくだると、天文一四年(一五四五)より元亀三年(一五七二)にいたる二八年間に作られたと推測できる『富山之記』がある。しかもこの種の往来には珍らしく、星琮庵重治と、作者の名もはっきりしており、この地に在住して活躍する武家﹇恐らく中層﹈と推測される。そのためであろう、この往来はまず、「越中国の地位と土地がら」より筆をおこし、領主神保越前守の善政、富山城の威容・規模、武具の数々、城郭内の武家屋敷、といった武家関係の記事に詳しい。わけても、加賀より怒濤のごとく追し寄せてくる一向一揆を撃退する武家の奮闘ぶりを描くくだりは精彩に富んでいる。けれども、『富山之記』における内容上の特徴は、これに止まることなく、城下での町々の隆盛や庶民の営む産業状況について精叙している点に求められる。わけても、当時の領内で生産ないし商取引された物資の品目を、四〇〇種にも及ばんとする単語集団の形で列挙しているところが注目され、『富山之記』が近世地理科往来の先駆に措定される理由の一つとなっている。

※手習教訓に関する教材を主としたもの

室町時代の中期に作られた『手習往来』﹇作者不明﹈が最も古く、中層武家の教養として、手習がきわめて貴い価値を持つこと、その教養を身につけるため学習上の心構えが、戦場で働く武士の心構えになぞらえつつ具体的に説かれている。中世より近世にかけて、手習は文字・文章の読み、書きを修め、文字・文章によって現わされる事柄を学ぶ上で、唯一と言っても良いほどの大切な学習の手段であったから、その手習の心構えについて論じた『手習往来』の普及は著しいものがあった。わけても江戸時代より明治の初年にかけては、「初登山手習教訓書」等の書名を付して、あるいは独立単行の成書の形で、あるいは「古状揃」の一つに収録されることにより、おびただしい流布を遂げたのみでなく、堀流水軒作の『手習教訓書』をはじめ、多くの類書を輩出させている。

以上のように、先行研究において、往来物の類型は、第一次分類である「消息文例集」「語句集」「十二月往来型と拾要抄型との複合体」「教材内容の伝達を主とする諸文体の往来」の四分類中、第二番目の「語句集」に属する。更にその下位分類として「消息詞型」「雑筆往来型」「拾要抄型」「琱玉集型」という類型中では第一番目の「消息詞型」に属する。要するに、『消息詞』は、往来物の「語句集」型の中の一類型を代表するものとして位置付けられている。

第三節　古辞書と『消息詞』

川瀬一馬氏は、一九五五年発行の初版『古辞書の研究』では、次のように指摘している。
「次に辞書的な性質を帯びたものとしては、文字を教え言葉を習得せしめる為の教科書類があり、むしろそれが編纂の主旨であつたと言へるであらう。菅原為長の撰といふ「消息詞」や「書状文字抄」（恐くは為長撰）、又は尊円親王の撰かと推せられる

「円撰詞林（一名拾要抄）」（二巻）はその類である。殊に「円撰詞林」の如きは、小百科事彙としての性質を多分に具へ、教科書たる往来物とも密接な関係を有するものである。」（三七一頁）

「本文は、消息に用ふべき言葉を類聚したものであつて、例へば「虚言（キヨケン）ソラコト」の一語を標示し、その同類語たる「虚誕（キヨタン）　無実　不実（フシチ）」の三語をその項に列挙してあるが如きで、なほ二三の例を示すと左の如くである。（後掲）」（四三八頁）

「従つて本書（消息詞）は童蒙の消息用語の教授書又は消息執筆用語の簡便な索引書ではあるけれども、内容は公武の事務用に供せられる様に作られてゐるものである。かゝる内容から見ると、菅原為長の編と伝へられてゐるのは信ずべきものと考へられる。」（四四〇頁）

川瀬一馬氏は、『消息詞』を、三七一頁では「消息詞は文字を教え言葉を習得せしめる為の教科書類」と分類しているが、四四〇頁では「童蒙の消息用語の教科書又は消息執筆用語の簡便な索引書ではあるけれども、内容は公務の事務用に供せられる様に作られてゐるもの」と指摘している。

その後、川瀬一馬氏は、一九七三年から一九七八年にかけて、『古辞書叢刊』『増補古辞書叢刊』（雄松堂書店）の刊行に尽力され、多くの貴重な古辞書の原装影印版を世に送り出した。一九七三年九月二十五日には、その第二回として、『消息詞・書状文字抄』が配本されている。その複製解説において川瀬氏は「所収の語彙は、格別な分類も施されていないようである」とされ、さらに、「本書は前後編纂の体裁内容を異にしているが、初学の文字学習、消息作文の手引き等を直接の目的としながら、習字の手本にも用いられたであろうが、その上、両部合せて、消息用小辞典的な性質を具えている点が有用であつたと思われる」とされた。

このように、『消息詞』を往来物の一種と見なすか、辞書の一種と見なすか、という点で、川瀬一馬氏の説は揺れが認められ、『消息詞』の位置付けについても、川瀬一馬氏の指摘は矛盾している。

また、川瀬氏は、『古辞書の研究』四三八〜四三九頁において「虚言　虚誕無実　不実」「秘蔵　隠密　密事（略）」「披露　露顕　風聞（略）」「迷惑　進退惟谷　失東西（略）」等、意図的に、類義語のみを選んで掲載している。このことから、川瀬氏は、『消息詞』の各グループの所収語彙は、類義語を類聚したものと認めていると推測される。しかし、「同類語」という曖昧な言い方に止まり、その点についてのより明確な記述は無い。

従来の研究では、『消息詞』の所収語彙の位相と構造を実証的に解明する研究は、残念ながら、未だ行われていない。そこで、次章では、『消息詞』の各グループの内部を、各所収語の用例調査と意味・位相の検討を行うことにより、分類排列及び全体の構成について明らかにしたい。

第二章　『消息詞』の所収語彙

本章では、『消息詞』の所収語句の意味用法について、調査・検討を行う。

第一節　辞書類により意味が確定できる語彙

『消息詞』原本の収録語彙は七七八を数え、更に異本による増補語彙一一を加えれば語彙量は七八九となる。

調査は、次の方法による。

一、各語句の意味用法を『日本国語大辞典』(1)第二版で調べ、資料一として提示する。

二、『日本国語大辞典』第二版に掲載のない語彙は、左記の辞書類で調べる。

『大漢和辞典』(2)修訂版
『漢語大詞典』(3)
『角川古語大辞典』(4)
『時代別国語大辞典室町時代編』(5)
古文書・古記録用語辞典(6)類

三、右の方法でも、意味用法が確定できない場合は、CD-ROM『鎌倉遺文』(7)で該当用例を採集し、該当用例を分析することにより意味を確定する。

資料一に示した通り、『日本国語大辞典』第二版に掲載されてない語彙は二四ある。それを表一に纏める。

（凡例）

○各語句は、出現順に排列し、通し番号を最初に付ける。

○漢字表記はすべて康熙字典体で示す。

○傍訓が施されていない箇所は「|」で表す。

○所在は丁数・表裏・行数で示す。

○CD-ROM『鎌倉遺文』で調べ、該当用例数を記入し、書状の件数を（　）で示す。

表一

	漢字表記	**傍訓**	**所在**	**用例の該当件**
1	豫參	ヨサン	三丁表一行	0（0）
2	廻腳	|キヤク	四丁裏一行	0（0）
3	使腳	シキヤク	四丁裏二行	0（0）
4	布諾	|	五丁裏二行	0（0）
5	芳諾	|	五丁裏二行	0（0）
6	阿口	|	七丁表一行	0（0）
7	梁登	リヤウトウ	八丁表三行	0（0）
8	雅狂	|	八丁裏一行	0（0）

9	裁糾	サイキヨ	九丁裏三行	0（0）
10	輕犯	キヤウ｜	一一丁表二行目	4（0）
11	裁免	サイ｜	一一丁裏二行目	10（0）
12	優恤	｜	一一丁裏四行目	0（0）
13	優嚴	｜ケン	一一丁裏四行目	0（0）
14	優憐	｜レン	一一丁裏四行目	0（0）
15	輕役	キヤウ｜	一二丁表二行目	2（0）
16	闕分	｜フン	一六丁裏三行目	12（1）
17	私要	シヨウ	十七丁表六行目	9（1）
18	胡尾失歩	コヒアユミヲウシナフ	一八丁裏三行目	0（0）
19	累門	｜モン	一九丁表四行目	0（0）
20	割置	カツチ	二三丁表四行目	8（0）
21	莊々	シヤウシヤウ	二四丁裏二行目	1（0）
22	必々	カナラスカナラス	二四丁裏四行目	67（43）
23	略々	リヤクリヤク	二四丁裏六行目	0（0）
24	縁々	エンエン	二五丁表一行目	14（0）

表一の中で、『大漢和辞典』に掲載があるのは、1「豫參」、7「梁登」、14「優憐」、23「略々」、24「縁々」である。その意味と用例を左に示す。○は『消息詞』においての表記、●は『大漢和辞典』においての表記、（ ）は傍訓を表す。用例は※で示し、〔〕は出典を示す。

○豫參（ヨサン）

●豫参（ヨサン）

あづかる。参与する。

※〔後漢書、宦者、蔡倫伝〕

及二和帝即一レ位、転二中常侍一、豫二参帷幄一。

※〔呉志、孫賁伝、注〕

恵別伝曰、云云、専掌二文疎一、豫二参謀議一。

【意味用法】

『大漢和辞典』によると、「豫参」は「参加する」の意味であることが分かる。例文中「豫二参帷幄一」の「帷幄」は「イアク」とも読み、元は「幕」の意味であるが、「戦略を考える場所」の意味として使われている。「豫二参帷幄一」は、「戦において、戦略を作成することに参加する」の意味であり、類似する言葉には「帷幄に参ずる」というのがある。「豫二参謀議一」は文字通り、「謀議に参加する」の意味である。

「豫參」は「可レ參」グループに属している。当グループには「豫參」以外に、「可レ參」「馳參」「早參」「遲參」「參」「參入」「參勤」「參仕」「參啓」「參會」「群參」「烈參」「參詣佛寺神社」「推參」という一四語句が収められている。語彙が多いため、それぞれの意味用法を表二にまとめる。

表二

所収語彙	意味用法
可レ参	行くべきであること／参加するべきであること。

馳參	急いで行くこと。
早參	早く行くこと／朝の参禅をいう。
遲參	遅れて行くこと／遅れて参加すること。
參	
參入	「行く」の謙った言い方である／参加すること。
參勤	ある場所に行って勤めるのこと。
參仕	上位者に仕えるために行く。
參啓	ある場所に行って、自分の意見を述べる。
參會	ある場所に行って他人と対面する。
群參	大勢の人が一緒に神社やお寺に行く。
烈參	ある場所に行って坐ること。
參詣	神社やお寺に行く。
推參	「自分が行く」という意味の謙った言い方。

表二によれば、「可レ參」グループに収められた語彙には、「赴く」という意味を持つところが共通している。「可レ參」「豫參」「遲參」「參入」の四語は、「赴く」という意味以外に「參加する」と意味も兼ねて持っており、「ある目的を持って、ある場所に行く」という明確な目的性を帯びていて、その点は看過できないと考える。例えば、「參仕」は「上位者に仕えるために、ある場所に行く」であり、「參啓」は「自分の意見を述べるために、ある場所に行く」である。「參詣」は、「神社やお寺に參拝しに行く」という意味で使用する。

このように、「可レ參」グループには、「ある目的を持ってどこかに赴く」という意味で使用される文書用語が多い。「豫參」は、「行く」という意味が薄れているが、「參加する」

という目的が明確である。

○梁登（リヤウトウ）

●梁上君子（リヤウジヤウノクンシ）

梁の上の盗人。転じて、盗人の異名。後漢の陳寔が室の梁上に盗のひそむを知り、子孫を呼んで、人の本性は善なることを教えて盗を悔悟させた故事。

※〔後漢書、陳寔伝〕

陳寔、字仲弓、（中略）為㆓都亭刺史佐㆒、有㆑志好㆑学、坐立誦読、県令鄧邵試与語奇㆑之、聴㆑受㆓業太学㆒、（中略）復再遷除㆓太丘長㆒、脩㆑徳清静、百姓以安、（中略）時歳荒民倹、有㆑盗夜入㆓其室㆒、止㆓於梁上㆒、寔陰見、乃起自整払、呼命㆓子孫㆒、正㆑色訓㆑之曰、夫人不㆑可㆑不㆓自勉㆒、不善之人、未㆓必本悪㆒、習以性成、遂至㆓於此㆒、梁上君子者是矣、盗大驚、自投㆓於地㆒、稽顙帰㆑罪、寔徐譬㆑之曰、視㆓君状貌㆒、不㆑似㆓悪人㆒、宜㆓深剋㆑己反㆒㆑善、然此当㆑由㆓貧困㆒、令㆑遺㆓絹二匹㆒、自㆑是一県無㆓復盗竊㆒。

※〔書言故事、盗賊類〕目㆑盗為㆓梁上君子㆒。

【意味用法】

「梁登」は「盗犯」グループに収められている。同グループには、「盗犯」「強盗」「竊盗」「仲人」「夜打」「人拘引」「緑林」「白波」「梁登」「梁上公」「梁登」一一語が属されていて、このグループには、窃盗行為を意味する語が多い。

『日本国語大辞典』第二版・『大漢和辞典』修訂版には「りょうじょうのくんし（梁上君子）」という立項があり、『後漢書』の『陳寔伝』の記載によると、「梁上君子」は「梁上に登り、身を隠す盗賊」の意味であることが分かる。

「公」と「君」は通用関係に当たり、「天皇や地位の高い人」を指す語である。名前や官職の下に付いて、敬意を表す使い方もあるので、「梁上公」は「梁上君子」と同義語で、「盗賊」を美化した語であると考えられる。抑も語源が「梁上に登った盗人」なので、「梁登」も「盗人」の意味と推定できる。

○優憐

●優憐（イウレン）

厚くあはれむ。

※〔李嘉祐、送二従叔陽氷祗召赴一レ都詩〕常時矜二礼数一、漸老荷二優憐一。

【意味用法】

「優憐」は優如グループに属していて、このグループは、寛大な処置で許すことを意味する語が多い。「優如」「優免」「優恤」「優嚴」「優憐」「院廳御下文」「長者宣」「政所御下文」「上宣」「別當宣」「國宣」「廳宣」の一二語が属している。

前半の「優如」「優免」「優恤」「優嚴」「優憐」の五語の先頭には全部「優」という語素が付いているので、纏めて分析を行ってみる。『日本国語大辞典』第二版には、「優恤」「優嚴」の意味が掲載されていないため、意味を確定できないが、「優如」(「如」は「恕」の通用)は「寛大な心で許す」、「優免」は「寛大な心で許す、或いは免じる」の意味である。

後半の「院廳御下文」「長者宣」「政所御下文」「上宣」「別當宣」「國宣」「廳宣」の七語は、「政務を行う機関」や「政府機関から発行した正式公文の名称」である語彙である。

「優憐」は『大漢和辞典』第二版においては、「厚くあはれむ」と説明されており、「寛大或いは憐憫」という意味である。

○略々

●略略（リヤクリヤク）

ほぼ。大体。

※〔紅楼夢、三回〕

衆人忙都寛慰解釈、方略略止住。

○縁々

●縁々（エンエン）

佛 四縁の一。所縁の縁。心識は所縁（対境）を縁として起り、対境は心識のために縁となる。

※〔大乗義章、三本〕

言縁縁者、六塵境界、為心所縁、故名為縁、由彼所縁、与心作縁、故名縁縁、亦可疎助、名之為縁、以縁故名縁縁。

【意味用法】

「略々」「縁々」は、重点グループに属している。『消息詞』の重点部には六〇語が収められているが、その特徴は、四字熟語を上下二部に分離し、語意や字義が反対若しくは類似である語彙を意図的に並べている。例えば、「朝々暮々」「日々夜々」「文々句々」「子々孫々」「巍々蕩々」は、上下二部に分けられ、そのまま並べてあり、書簡に用いる際に、四字熟語の原形のままでも部分だけ使用しても良く、編纂者は使用者の利便性を図っていると言えるだろう。

一方、原形は四字熟語ではないが、語意や字義が反対である組み合わせの語も収められている。「早々」と「遅々」、「各々」と「面々」、「重々」と「略々」等であり、語意や字義が類似している語彙は「悤々」と「連々」、「濟々」と「多々」、「一々」と「條々」、「前々」と「先々」、「散々」と「落々」、「處々」と「國々」、「荘々」、「片々」と「輕々」と「區々」、「切々」と「必々」、「種々」と「雜々」、「分々」と「刻々」、「細々」と「色々」の組み合わせで排列されている。

「略々」は直前の「重々」の意味とは共通点がないようだが、「重なる」の「重」の次に「省略する」の「略々」を並べるのは、重点部の編纂意図と一致している。

表一の中で、『時代別国語大辞典室町時代編』に掲載があるのは、3「廻腳（キャク）」である。その意味と用例を左に示す。○は『消息詞』においての表記、●は『大漢和辞典』においての表記、（　）は傍訓を表す。用例は※で示し、〔　〕は出典を示す。

○廻腳（キャク）

●廻脚（くわいきやく）

各家を回って、知らせを伝えて歩く使者。

※「抑今夜之宴先珍重候歟。次雨儀之次第一覧大切候。被レ付二廻脚一候者可二畏入一候」〔実隆公記延徳二、紙背、中院　通世書状〕

【意味用法】

「廻理」「廻腳」は、「可二令レ付レ使給一」グループに属している。このグループには、使いに手紙を託することを依頼する語が多い。「可二令レ付レ使給一」「廻」「廻李」「廻理」「廻腳」「青鳥」「此使」「使者」「使腳」「飛腳」「行李」「行理」「差二専使一」の一三語がある。

当グループの語彙をみると、最初と最後の句である「可二令レ付レ使給一」「差二専使一」、そして一字の「廻」を除いては、全部二字の語彙になっている。

「飛脚」の語源は「脚が早い送信者」であり、『日本国語大辞典』第二版には「鎌倉時代から江戸時代まで、文書・金銭・小貨物などを送達する使いや人夫をいう。その源流は古代の駅馬に発し、鎌倉時代には京・鎌倉間に早馬を用い、七日間で通信の速達にあたり、鎌倉飛脚・六波羅飛脚・関東飛脚といった。その後、駅伝の法が衰退したが、戦国末期に復活、江戸幕府が通信機関として採用し、その整備に努めた。幕府公用のための継飛脚、諸大名が前者にならって設けた大名飛脚、民間の営業にかかる町飛脚の三つに大別される。なかでも町飛脚は、のちには公用通信の一部も託され、もっとも大きな役割を果たした。明治四年（一八七一）、欧米式の郵便制度の採用によってすべて廃止された。」と記載されている。「脚」が「走る者」の意味であれば、『時代別国語大辞典室町時代編』に掲載している「廻腳」の意味用法「各家を回って、知らせを伝えて歩く使者」も、類推可能である。なお、「廻李」「廻理」「廻腳」は、「返って来る手紙、或いは知らせを送ってくれる人」の意味であり、「使腳」と「飛腳」、「行李」と「行理」は全部「使者」の意味である。

第二節　文書用例により意味が確定できる語彙

『日本国語大辞典』第二版に掲載されてない語彙のうち、表一により、CD-ROM『鎌倉遺文』で該当用例が見出される語彙が、10輕犯　11裁免　15輕役　16闕分　21荘々　の五語である。各語彙の文書の使用例を分析することにより、各語の意味を検討する。

まず、15 輕役の該当用例を見てみよう。

●裁免

文書番号:50758 和暦:承久3年3月 日 西暦:1221

文書名:黄瀧山寺練行僧愁状案 典拠:東大寺所蔵春華秋月抄草十四裏文書

【本文】

黄滝山練行僧等謹言上 殊任慈悲欲被止乱入狼籍子細愁状

右、□満山者、是大聖明王本身、般若菩薩之旧跡、牛頭天王七社権現、和光同塵之勝跡也、合龕崛有一仙滝巌面顕現、明王顔貌生身不動尊云々、世呼称黄滝、抑尋以往行人、役行者、浄行持律行処、于今有行道之遺跡、号曰妙金山、霊石之隙、所奉安置数部如法経也、爰出現化人図絵大像、顕天神、処々勝利掲焉之砌、因茲、遠近緇素挙世企参詣、随参詣、悉満所願、殆可謂天下無双之地、雖然、起事於無縁、無一物之□田、無一類之供米、偏奉憑仏神之冥助許也、然間先年之比、十郎蔵人殿当国郡通行之尅、依令言於子細、更無狼籍、中比二河四郎殿乱入当郡、雖致濫吹、如先依令申、無狼籍罷通畢、然当郡御発向、具令言上於子細、依蒙御裁免、設雖無先代之証拠、善政憲章之御時也、争不蒙 御免除哉、尤垂御擁迹歟、被制止当山之狼籍者、且為御祈祷、且為備向後之証契、蒙御優恕者、□□万歳之間、奉祈弓箭之御冥鑑矣、

承久三年三月 日 練行僧等上

【意味用法】

承久三年三月に、黄瀧山寺で修業を行う僧侶達が出した文書である。内容は「この寺は、大聖明王の本来の身である般若菩薩の旧跡であり、牛頭天王七社が仏となって現世に現れた名所である。山の洞穴から神秘な滝が崖に流れ落ち、それが明王不動尊の風貌を現すと云われ、世間ではその滝を黄滝と呼ぶ。古をたずねれば、役の行者が修行した所であり、今日においても、彼が修行した遺跡があり、妙金山とも呼ばれている。岩山の間に、数部の如法経を安置した。ここに神仏の化身の絵像が出現し、天神がいたるところで霊力を発揮したところ、遠近の僧俗こぞって参詣し、参詣すれば所願ことごとく成就した。天下に比類のない霊場というべきである。しかしながら、権力者と無縁に建立された寺であるため、一枚の領田も無く、一粒の供米も無い。ひとえに神仏のお助けを頼みとするばかりである。しかるに、数年前、十郎蔵人が当地に租税の徴収に来た時には、詳しい事情を申し上げたため、一切の狼藉は受けなかった。その後、二河四郎が当地に乱入して来た時は、無理を言ってきたが、前回のように申し述べたので、結局は狼藉を受けずに帰ってもらった。とはいえ、当地を出発する際、細かに事情を説明しなければならなかった。今回、御許可をいただければ、たとえ、先代の証拠が無くても、正しい御政道が行われている現在、御免除をいただけないことがありましょうか。もし、本寺に対する狼藉を止めていただけるならば、一つには、御祈禱のため、一つには今後に備えるための、御約束となりましょう。御恩を蒙ったあかつきには、万世にわたり、武運長久をお祈りいたします。／承久三年三月　日　練行僧等上」と解し得る。

『消息詞』において、「裁免」は「サイー（メン）」という傍訓が施されていて、「免除（メンチヨ）」グループに属している。右の分析に依ると、「裁免」という語は、「（租税・年貢の納入義務等を）免除する裁定を下す」という意味である。

古辞書類では、弘治二年本『節用集』[8]、永禄二年本『節用集』[9]、正宗文庫本『節用集』[10]、天正十八年本『節用集』[11]、饅頭屋本『節用集』[12]、易林本『節用集』[13]、黒本本『節用集』[14]、『伊京集』[15]、文明本『節用集』[16]、『色葉字類抄』[17]東京大学文学部国語研究室蔵『伊呂波集』[18]（仮題）、元亀二年京大本『運歩色葉集』[19]、高橋本『色葉字』[20]、北野天満宮蔵佚名古辞書『色葉集』[21]（仮題）、陽明文庫蔵『諸雑聞書』[22]言語類、妙本寺蔵永禄二年『いろは字』[23]、有坂本『和名集』[24]（仮題）、伊路波字、猪無野本『伊呂波集』[25]（仮題）、広島大学本『和名集』[26]（仮題）伊呂波字、国立国会図書館蔵『色葉字尽』[27]等に掲載されていない。

●輕役

文書番号:1206　和暦:建仁元年４月　西暦:1201　文書名：東大寺三綱等申状案

典拠：内閣文庫所蔵大和国古文書

【本文】

（端裏書）「寺家陳状四月十日以兼乗寺主為使上了、」

東大寺　謹請　尼真妙陳状事　条々

一　彼状云、件饗料年来全無未進之処、此一両年水旱二損之間、作人泥究済、所弁半分也云々、寺家家申云、先件料田者、康平年中本領願主威儀師慶寿所寄進也、尽未来際、饗膳為令不断絶、免除万雑事、依令弁済段別壱斗、作人悦軽役之故、縦雖有希代之旱水、全所無未済也、康平以後此一両年、始有旱水之愁歟、先々若有其難旱水者、百卅年之間、何無懈怠毎年勤過之乎、真妙申旨以之可被察歟、

一　彼状云、作人泥究済、非領主対捍云々、寺家申云、先件料田者、大仏之外領主誰人哉、慶寿以領主職一向奉施寺家畢之故也、而覚仁者、依為慶寿之末孫、寺家付催促之沙汰、真

妙者、依為覚仁之後房、又相継令奉行許也、忽号領主之条、早可被召証文歟、匪啻令対捍饗料、還欲奪寺領、結構之旨罪科弥重、就中尼若存領主之由、何可被付沙汰於他人之由、触申寺家哉、去三月廿二日別当法印弁暁之許、尼送自筆書状云、昔も寺家改覚仁之沙汰、付他人、被催促饗料之由覚仁申候き、当時も早被止尼沙汰、寺家補他人可被試也云々、件書状案、且以進覧之、領主之詞驚目之上、至于此陳状之奥、寺家輙申不可進退之由、重以申状、左道已窮者歟也、

一　彼状云、東大寺使乱入近隣小屋、猥押取乗馬以下雑物之間、在地人等奪留件馬、非領主之所為云々、寺家申云、官使等、為聞負名之子細、罷向尼家之処、件家誠実以無人、但乗馬一疋引出庭前立之、又皮古一合取出置之、馬口付有夫童一人、見官使等入来之後、欲引出件馬之尅、官使申云、汝不知誰人、自無人之家引出馬、退去者之後、若有尋此馬之人者、官使無可答之方、相具本主之使者可来、其時可遣之由令申之間、真妙子息親時朝臣〈当寺近江守歟〉引率帯刀釼之輩数十人、群来件家申云、於官使者、暫不可懸手、於寺使者、無生方可凌轢云々、即引臥臥公人国親近丸、散々凌轢蹂躙及死門躙神失畢、官使見之申云、被凌轢寺家使者、偏被打官使也、年来卒爾之間依如此之沙汰、雖罷向所々国々、依恐皇威之末、未逢此程之災禍、以外事也之由、令申之時、又向官使欲加凌轢之間、官使揚声逃脱已畢云々、若於不被凌轢者、使等者何故可出無実之訴哉、官使已顕然之証人也、不可及御不審歟、

一　彼状云、件饗料田、可被没官事、山階寺進官庄田相交、輙不可不及進退歟云々、寺家申云、件田可被没官之由、寺家全不存、又不申、若折紙状悪得心歟、以件田廿町被付寺家、任先例饗料不可有懈怠之由、欲被下　宣旨之由、書載寺家所進之折紙事、是則事を令厳重天、自今以後、寺中雖誰人、致沙汰之輩、為令無懈怠之也也、已非真妙之私領、何可申没官之由哉、此上同見于所進之尼書状歟

一　彼状云、使に与酒肴令饗応畢、各所喜悦也云々、寺家申云、官使罷向尼家事、去月十

三日終日大雨之日也、自奈良行程一日之道、舐鼻下向、凡官使公人之習、全不随身粮料、以落落付之所休飢者例也、而不与一粒之飯食、無一言之芳心、官使二人・火長二人・寺使二人、従各一人都合上下十余人許、臨疲罷向之処、纔所給酒一瓶也、其後上凌轢放言、魂魄如死令之間件酒不飲一滞、臨隠夜逃去、長途流涙泣帰上了、陰流涙帰上畢、只以存命為事之由、官使等即所訴申也、官使等喜悦之由不足言事歟、以前五箇条、付真妙陳状、粗言上如件、抑覚仁者、寺家重代之所司、一事一物莫非大仏之御恩、真妙者、覚仁之後房、旁預彼処分畢、酌流尋源、争可蔑如寺家事哉、而使者凌轢之条、自身縦雖不下知、已子息所従等、張行此悪行畢、無左右出下手人、可償其罪之処、偏以大仏処怨敵、陳申寺家訴状之無実不当之由、満寺之欝心肝如春、件悪行下手人内字小藤次季弘者、覚仁朝夕之所従也、先召対件男於寺家使、早可被決事之真偽也、若寺家之訴有偽者、廿一人之堂童子等、廿一人併可被禁獄、是為被□傍輩下手之輩向後之訴也、若又尼実有犯過者、件季弘以下下手両三之輩人、争不処罪科哉、就中、元申請官使之本意者、為令究済所当之未進也、而寺使散々凌轢之上、官使・火長□失面逃脱、隣国比郡七大諸寺、近日所々之物□□是何只寺家衆徒之恥辱、豈非一天狼藉之根元乎、此上若被用尼陳状、於無指御沙汰者、所詮寺家運尽時至也、重不能言上者歟、仍披陳如件、

建仁元年四月　日

都維那法師範慶

権寺主大法師光信

権寺主大法師兼乗

【意味用法】

建仁元年四月に東大寺三綱等が尼真妙陳状を巡って、個別箇条に対して異議を唱える文書である。一二〇五号が関連文書である為、当文書を載せてみる。

文書番号：一二〇五　和暦：建仁元年4月　文書名：尼真妙陳状案

典拠：内閣文庫所蔵大和国古文書

（端裏書）「尼陳状」　「正文進上頭弁之許了、」

尼真妙陳申　東大寺訴申花厳会饗料米間事

右件事、多年之間、無未進令勤来之処、此一両年水損旱損連連、作人泥究済云云、所弁半分也、更非遁避、又非領主之対捍歟、爰謝其恐、且為存公平、申請官使・御寺使等、可引付負名之由、依申請下向之処、件日沙汰人地蔵丸、為致会日之勤、相具料米罷向彼所之間、官使等下向云云、而件辺在家人、近日悉以病悩数輩之間、各閉戸他行、越三四町所居住也、是非構申子細、無其隠歟、而東大寺使不尋子細、無左右称逃隠之由、乱入近隣之小屋、猥押取乗馬以下、如追捕種種雑物之間、在地人等各揚音加制止、乗馬等ヲ奪留云云、敢非領主之所為歟、加之、東大寺別当法印領主許遣書状、件状ヲ先尋在所可付真妙歟、而濫行之

　右の文書は、尼の真妙が東大寺華厳会の饗料の納入について陳情した内容である。前半の「右件事、多年之間、無未進令勤来之処、此一両年水損旱損連連、作人泥究済云云、所弁半分也」という記述は、「此の数年間は、科せられた賦課物を納入しないことが無いが、この一、二年は、水害及び旱魃により不作が続き、農民達は完済が難しく、半分しか納入していない」という内容となる。尼真妙は、困難な状況を述べ、東大寺の使いが乱入してきて、馬その他の財物を押収された事実を訴えている。それに対して、一二〇六号文書では、東大寺の三綱等が、東大寺側の立場から意見を述べたものである。以下に説明する。

　一、尼真妙の文書では「此の数年間は、科せられた賦課物を納入しないことが無いが、この一、二年は、水害及び旱魃により不作が続き、農民達は完済が難しく、半分しか納入していない、等々と言っているが、東大寺の僧侶は、次のように主張している。本件で問題になっている料田は、康平頃、威儀師である慶寿という人が、願主として寄進したもので、未来永劫、饗膳が絶えないよう、一段あたり一斗を徴収するだけで、他の雑役を免ずるこ

とにした。農民たちは軽い賦役を喜んでいる故に、たとえ前代未聞な旱魃と洪水があっても、滞りなく納めた。康平以後、この一、二年に至ってはじめて、気候不順の恐れがあったとでも言うのであろうか。過去も天候不順はあったのであるから、この百三十年間、滞納もなく、真面目に勤めてきたことが説明できない。真妙の主張は認められない。

『消息詞』において、「軽役」は「キヤウー（ヤク）」という傍訓が施されていて、「所課（ショクワ）」グループに属している。右の分析に依ると、「軽役」という語は、「軽い夫役」という意味である。

古辞書類では、弘治二年本『節用集』、永禄二年本『節用集』、正宗文庫本『節用集』、天正十八年本『節用集』、饅頭屋本『節用集』、易林本『節用集』、黒本本『節用集』、『伊京集』、文明本『節用集』『色葉字類抄』東京大学文学部国語研究室蔵『伊呂波集』（仮題）、元亀二年京大本『運歩色葉集』、高橋本『色葉字』、北野天満宮蔵佚名古辞書『色葉集』（仮題）、陽明文庫蔵『諸雑聞書』言語類、妙本寺蔵永禄二年『いろは字』、有坂本『和名集』伊路波字、猪無野本『伊呂波集』（仮題）、広島大学本『和名集』（仮題）伊呂波字、国立国会図書館蔵『色葉字尽』等に掲載されていない。

●輕犯

【意味用法】

「輕犯」は「罪過」グループに収められている。此のグループには、「犯罪や過ちそして、罪を犯して具体的に処される罰」に関わる語彙が多い。「罪過」グループの前半には「罪過」「罪科」「重科」「犯過」「過怠」「所犯」「重犯」「輕犯」「實犯」九語が排列されていて、前半は「犯罪や過ち」に関わる語彙が集中している。後半は「具体的な処罰」に関わる「罪名」「解官」「停任」「配流」「禁獄」「重罪」六語が収められている。「罪名」

の次には、解任したり、地方に流されたり、牢獄に入れたりする具体的な処罰と、最後に重大な罪の総称である「重罪」が配置されている。

『消息詞』は、使用者が書簡を作成する時の利便性を考え、同じ場面に用いる語彙を意図的に一グループに纏める傾向があるといえる。例えば、「所課」グループでは、意味が反対である「重役」「軽役」と一対の語彙を並べるのはその有力な証拠だといえるだろう。そうであれば、「罪過(サイクワ)」グループの「重(チウ)犯」「輕(キヤウ)犯」も正にその一例であり、「重罪を犯した人」に対して「輕(キヤウ)犯」は「軽い罪を犯した人」であると推測できるだろう。

●闕分

文書番号:20417　和暦:正安2年4月7日　西暦:1300
文書名:東大寺衆徒群議記録　典拠:東大寺文書

【本文】

記録　八幡宮小五月会・九日会等興行沙汰間事
右、彼小五月会等者、十二大会之随一、当社規模神事也、而近年依論頭役之前後、彼会式等退転、而空送年之条、神事之違例、寺社之陵遅、何事過之哉、付内外不可不興、何始自当年之小五月会、於向後者、不違式日、慥可令勤行之、至近年之闕分者、勘未勤仕之頭人、糺其巡、任次第、来十五日以前、悉可行入之、若於令難渋、致懈怠之輩者、御八講供料并法花会料等下行之時、抑留之、可成神事用途之状、依満寺群儀、記録如件、
　正安二年卯月七日　　年預五師尊顕
（端裏書）「記録状〈八幡宮小五月会等興行事　正安二　四　七〉」

【意味用法】

正安二年（一三〇〇年）四月七日、小五月祭り及び九日会の進行に巡る東大寺衆徒群議記録である。小五月会というのは、旧暦五月九日に、日吉大社や春日大社で行われる祭りのことなので、これは小五月会を開く前に記述したものである。「小五月会は、十二大会の中でも最も重要で行事で、東大寺においても全寺院を挙げて行う行式であるが、近年、責任者の上下関係を議論するせいで、小五月会は中断されたまま何年が経ち、これは異例であり、当社の衰微の最たるものであると思う。これより悪いことは無いだろう。八幡宮中でも外でも小五月会を興行しない訳にはいかないと思っているので、是非何とかして今年の五月会からまた再開し、今後は、決まった日付に確実に実行してください。近年、小五月会を行われてない部分について、特に未だ頭人を務めていない人を調査し、その順番を正しく直し、頭役を務めるように来月十五日以前にすべて準備してください。もし頭人になることに文句があったり、抵抗がある人に対しては、御八講や法花会に使用する供料を与えず、その分の供料を八幡宮の神事に使うことにする。これは、東大寺の全員が相談した結果なので、記述しておく。」という内容である。

右の文書において、「闕分」は、「不足している部分、あるいは欠けている部分」という意味になる。『消息詞』において、「闕分」は、闕如グループに属している。当グループには「闕如」「闕怠」「闕乏」「闕請」「闕分」という五語が収められている。「闕如」「闕乏」は「物事が足りない、あるいは欠けている」意味で使用される語彙であり、「闕怠」は「怠る」の意味、「闕請」は「法会の際に、誘った僧侶が欠席する」の意味である。「闕分」は、右の分析により、「不足である部分や欠けている部分」と解釈される。

●荘々

文書番号:26　和暦:文治元年１２月６日　西暦:1185　文書名:源頼朝言上状

典拠:玉葉文治元年十二月廿七日条

【本文】

言上事由

右、言上日来之次第候者、定子細事長候歟、但平家奉背君、旁奉結遺恨、偏企濫吹候、世以無隠候、今始不能言上候、而頼朝為伊豆国流人、雖不蒙指御定、忽廻籌策、可追討御敵之由令結構候之間、御運令然之上、勲功不空、始終令討平候て、伏敵於誅、奉世於　君日来之本意相叶、公私依悦思給候、先不待平家追討之左右、為停近国十一ケ国武士之狼藉差上二人使者、久経・国平候て、猶私下知依有恐、一々賜院宣可成敗之由、仰含候了、仍藉大略令沙汰鎮候之後、依別仰、重又件使者男、被下遣鎮西・四国候、已賜　院宣、令進発候了、如此之間、種直・隆直・種遠・秀遠之所領者、依為没官之所、任先例、可置沙汰人職之由雖令存候、且先乍申事由、尚輙于今不成敗候、何況自余之所不及成、如近国沙汰、任院宣、可鎮旁狼藉之由、兼令存知候之処、不審之次第出来候、以義経補九国之地頭、以行家被補四国之地頭候之条、前後之間、事与意相違、彼輩各相憑其柄、巧非分之謀、令候之刻、雖無指寄攻之敵、天譴難遁、乗船解纜之時、入海浮浪、郎従眷属、即時令滅亡之条、誠非人力之所及、已是神明之御計也、而彼両人、其身未出来、暗跡逐電、旁分手令尋求候之間、国々荘々、門々戸々、山々寺々、定狼藉之事等候歟、召取候之後、何不相鎮候哉、但於今者、諸国庄園、平均可尋沙汰地頭職候也、其故者、是全非思身之利潤候、土民或含梟悪之意、値遇謀叛之輩候、或就脇々之武士、寄事於左右、動現奇怪候、不致其用意候者、向後定無四度計候歟、然者、雖伊予国候、不論荘公、可成敗地頭之輩候也、但其後、先例有限正税已下国役、本家雑事、若致対捍、若致懈怠候者、殊加誡、無其妨、任法可致沙汰候也、兼可令御心得此旨給候、兼又当時可被仰下候事、愚意之所及、乍恐注折紙、謹以進上之、一通　院奏料、令付帥中納言卿候、今度天下之草創也、尤可被究行淵源候、殊可令申沙汰給也、天之所令奉与也、全不可及御案候、以此旨、可令洩申右大臣殿給之状、謹言上如件、

文治元年十二月六日　頼朝〈在判〉　謹上　右中弁殿

【意味用法】

文治元年（一一八五年）十二月六日に、源頼朝が右中弁（藤原光長）に出した文書である。「決めた日に、詳しい事について相談する予定だったが、平家が天皇に背き、天皇に恨みを持ち、公然と世間の秩序を乱そうと企んでいる。源頼朝が伊豆に流され、朝廷の命令が無くても、状況にかんがみて早急に戦略を工夫しながら平家と戦ってきた。運が良いかもしれないが、そのお陰で、平家と長時間に渡って対抗することに成功し、一定の功績を残した。今までは、ずっと平家に追われた窮状だったが、最近は私たちの思う通り、敵を討つようになった。十一カ国の武士の叛乱を押さえる為に、久経・国平という二人の使いを行かせ、そして行く前に、現地で問題が起きないように、院宣を持たせた。しかし、隣国の叛乱はすぐ制止できなかったが、訴訟を行ったりして、混乱した局面をだいぶ治められるようになってきたので、再び使いに院宣を持たせ、鎮西・四国に派遣した。そうする間、種直・隆直・種遠・秀遠の所領は、没収された土地に当たるので、今までのやり方によると、先に訴訟を起こすのは前から知っていたが、怪しい出来事が続々発生し、義経が九州の地頭になり、行人が四国の地頭になり、そうする間、現状と本意が段々食い違い始めた。義経と行人は各自の正当化を主張し、自分の身分に合わない陰謀を企んでいた。海に出航する時、追いかけている軍隊も無いのに、大きな波に遭難し、家族や従者は全員

死亡した。これは、人間のしわざではなく、神様の指示ではないかと思う。彼らには、まさに天罰が下ったのだろう。事実が明らかになる前に、密かに逃走を企んでいた。彼らを探し出すために、地方やあの荘園この荘園、個人の家、山や寺院などを全部捜査したが、二人は未だに捕らえられていない。その理由は、全く、私自身の利益を考えてのものではない。土民が悪い心を抱いて、謀叛のやから（義経・行家）に出会ったり、傍流の武士の手下になったりしたら、それにかこつけて、ややもすれば、けしからぬ行動を起こすに違いない。そういう事態にならないよう、準備をしなければ、今後きっと、ひどいことになるだろう。であるから、伊予国にあるといっても、荘園であれ、公田であれ、地頭のやからを処分すべきである。ただし、その後、尊重すべき正税等の国役や、本家の課役や雑税を、もし逆らったり、怠けたりした者は、特に誡め、法律通りに処分すべきである。前もって、この事を御理解たまわりたく存じます。上の事柄に関連して、現在御命令をくだしていただきたい事について、私の思い及ぶところを、恐れながら折り紙に記しましたので、謹んで進上する。上皇に対して奏上する書類として、藤原経房卿に言付ける。この度は、武士の天下のはじまりだ。最も事の深奥まで探り究めるべきである。特に、政治的処分をしていただきたく思う。大のお与えになったものであり、全くあなた様のお考えの及ぶところではない。以上の事を、藤原兼実殿に申し上げていただきたく、謹んで言上するものである。」という内容である。

右の文書において「荘々」は「あの荘園、この荘園、つまりあらゆる荘園」の意味で用いられていることがわかる。「荘々」は、『消息詞』の「重点」部に属していて、「シヤウシヤウ」という傍訓が施されている。

「荘々」の前には「處々（トコロトコロ）」「國々（クニクニ）」が排列されているが、「處々（トコロトコロ）」は「あちらこちら」の意味で、「國々（クニグニ）」は「あの国、その国、あらゆる国々」の意味になるのに対して、「荘々」は、「あの荘園、この荘園、あらゆる荘園」という意味になる。そして、三語は「場所、国（地方）、荘園」という降順に従って排列されていることもわかる。

●必々（カナラスカナラス）

【本文】

文書番号:7006　和暦:宝治2年11月6日　西暦:1248

文書名:僧胆雅田地寄進状　典拠:百巻本東大寺文書八十一号

奉寄進　水田事　合伍段者在大和国十市郡東郷廿四条二里卅六坪北五段四至在本券面、

右、件水田者、胆雅代々私領也、東大寺花厳三論談議用途、雖軽微、奉寄進了、世親講衆必々随喜、此願勿令違失、仍相副本券、奉施入之状如件、

　宝治二年十一月六日　胆雅（花押）

【意味用法】

右文書の内容を見る。「本件は、宝治二年十一月六日に僧侶である胆雅が自分の水田を東大寺に寄付する書類であります。胆雅の水田は、大和国十市郡東郷廿四条二里（現在の奈良県桜井市、田原本町の境界に当たる）にあり、大きさはほぼ百二十平方メートルになります。この水田は、代々胆雅一家の所有であるが、花厳経や三論宗など仏教について議論する場所として使用させていただきたいので、狭小な土地であるが、東大寺に寄進することにした。きっと大勢の信者に喜んでいただく行動なので、是非自分の願いを実現させてください。寄進する水田の所有者書類も一緒に提出するので宜しくお願いします。」となる。

「必々（カナラスカナラス）」は『消息詞』において「カナラズカナラズ」という傍訓が施されていて、重点部門に収められている。右の文書をみれば、「必々（カナラスカナラス）」は「きっと、或いは必ず」の意味

を強める副詞として用いられている。「必々(カナラスカナラス)」は『日本国語大辞典』第二版、『時代別国語大辞典室町時代編』、『角川古語大辞典』、『漢語大詞典』、『大漢和辞典』等の大型辞典、そして古文書・古記録用語辞典にも掲載されてない。

古辞書類では、弘治二年本『節用集』、永禄二年本『節用集』、正宗文庫本『節用集』、天正十八年本『節用集』、饅頭屋本『節用集』、易林本『節用集』、黒本本『節用集』、『伊京集』、文明本『節用集』『色葉字類抄』東京大学文学部国語研究室蔵『伊呂波集』(仮題)、元亀二年京大本『運歩色葉集』、高橋本『色葉字』、北野天満宮蔵佚名古辞書『色葉集』(仮題)、陽明文庫蔵『諸雑聞書』言語類、妙本寺蔵永禄二年『いろは字』、有坂本『和名集』伊路波字、猪無野本『伊呂波集』(仮題)、広島大学本『和名集』(仮題)伊呂波字、国立国会図書館蔵『色葉字尽』等に掲載されていない。

第三節　他の方法により意味が確定できる語彙

『日本国語大辞典』をはじめとする大型国語辞典類に掲載されていないのに加え、CD-ROM『鎌倉遺文』にも該当用例が見出されないないが、先行論文により語義を確定できるものが三語存する。9裁料　17私要　20割置　である。

●裁料

拙稿「『色葉字』諸本における国立国会図書館蔵『色葉字尽』の位置づけ」(国語国文学第四十三号　平成二十三年三月)に述べたように、「裁料」は、「間違っている裁定等を、調べ直して、正しく裁き直す」意である。管見の『節用集』諸本には掲載されていない。

『色葉字』の諸本の中では、国立国会図書館蔵『色葉字尽』だけが掲載している。書簡・文書用語を主に蒐集している『消息詞』に、「裁料」という語彙が収められることとは、国立国会図書館蔵『色葉字』と『消息詞』との間に何らかの関連性がある可能性を示唆するものであろう。

●私要

「私要」は、「御要」グループに属されていて、当グループには「御要（コヨウ）」「大要（タイヨウ）」「最要（サイヨウ）」「要事（ヨウジ）」「要樞（ヨウス）」「要須（ヨウス）」「私要（シヨウ）」「肝要（カンヨウ）」「至要（シヨウ）」「急要（キュウヨウ）」という十語が収められている。このグループには「大切なことや物、或いは重要な様」に関わる語彙がおさめられていることがわかる。高橋久子氏の一連の漢字通用に関する論文によれば、中世の古記録や古文書では、「要」と「用」とは通用関係にある。したがって、「私要」は「私用」と同語であると見なしうる。

※私用（し‐よう）
①（―する）私事に使用すること。また、官府や公共の物品をひそかに使うこと。
②個人的な用事。私事。公用。
＊大内氏掟書‐四六～五〇条・文明一三年〔1481〕三月五日「毎朝若依病気、奉行人之内不能出頭者、可捧起請文。又難去私用之時者、可言上子細事」
＊宋書‐黄回伝「回遂啓求、以擬私用」

●割置

高橋久子氏の「割置考」（東京学芸大学紀要 人文社会科学系Ⅰ 第六十集 平成二十一年一月）の指摘によると、中古・中世の文書によく用いられる「割置」という語は、社会経済に関する用語であり、①全体の土地のうちから一部の土地を分割して、ある種の経済的目的のために指定する。②稲・米等、経済的価値を有する総体のうちの一部分を、ある種の経済的目的のために、別に取り分けておく、という意味を持つ。今日の用語を借りれば、「予算措置」に当たる意味になる。

以上の分析の結果、大部分の語彙の意味は確定できたが、「布諾」「芳諾」「阿口」「雅狂」「優恤」「優嚴」「胡尾失歩」「累門」八語の意味がまだ不明である。今後の課題としたい。

第三章　『消息詞』の編纂方法

第一節　『消息詞』における書簡用語

『消息詞』は一二〇グループに分けられ、第一グループから第一四グループまでは狭義の書簡用語のグループである。第一五グループからは狭義の文書用語のグループである。しかし、歴史学においては常識の域に属することではあるが、「消息」もしくは「書状」と称されるもので、今日現存するものの多くは、実質的には、公的文書[28]であり、政治経済的内容を有するものばかりである。そのあたりの事情は、『国史大辞典』の「書状」の項目で次のように説明されている。

> （前略）それとともにこれら直状の書札に対して、侍臣・右筆などが高位の人の意を奉って出す奉書を合わせて書札様文書という。これらははじめは私的な用件にのみ用いられていたが、やがて奉書は院宣・綸旨・令旨・御教書として公文書の補助的な役割もするようになる。さらに鎌倉時代中期以降は、それが公証公験として最高の権威を有する公文書となる。これが第一段階の書札様文書の公文書化（奉書の公文書化）であるが、直状は奉書に比べると、より私的な性格が強く書状に近いが、これとても公的な重要な内容のものもすくなくない。（後略）

このように、文書の発達史を踏まえれば、書簡用語と文書用語とは、本質的には同じ位相に属する語彙であることが理解されよう。

ここで、『消息詞』の所収語彙について、各々の語句が、鎌倉遺文中で、公的文書と書状のいずれに使用されているか、その比率を調査した。その結果を、資料二及び資料三に提示する。これにより明らかなように、『消息詞』の冒頭部分を除けば、書簡用語の比率は甚だ低い。『消息詞』は、従来、「書簡文用の正字・用語辞典」（岩波『日本古典文学大辞典』）であると認識されてきたが、この理解は、『消息詞』という題名に惑わされたものに過ぎない。今回の調査により、『消息詞』は、実際には、公的文書に使用される語彙を収録した辞書であることが確認された。

第二節　『消息詞』の分類

次に、『消息詞』の前部、中部、後部から任意のグループを取り出し、その意味用法及び使用場面を見てみる。

前部より【二〇～二二グループ】

二〇　△可ニ存知一候（ヘクソンチス）　承存（ウケタマハリ）　相存（アヒ）

二一　△領状（リヤウシヤウ）　承諾（シヨウタク）　承引（シヨウキン）　進奉（シンホウ）　承伏（シヨウフク）

二二　△約束（ヤクソク）　一諾（イツタク）　布諾　約諾（ヤクタク）　恩諾　芳諾

中部より【三七〜四一グループ】

三七 △訴訟 訴申 宿訴 鬱訴 愁訴 越訴 越奏

三八 △道理 得理 理致

三九 △無道 非道 非法 悪行 僻事 亂行 濫吹 濫妨 狼藉 押妨 押領

四〇 △相論 異論 諍論 口論 論歒 論人

四一 △裁許 裁断 裁糾 恩裁 天裁 聖断 敕許 聽裁 裁報 裁下 裁定

後部より【一一五〜一一九グループ】

一一五 △追従 賄賂

一一六 △阿黨 阿容

一一七 △改易 改變 改定 改補 改任

一一八 △白地 偸閑

一一九 △適 邂逅

二〇グループには、「承知する」という意味合いの持つ語彙を収めていて、二一グループには「承知して約束する」という使用場面に用いる語彙を収めていた。そして、二三グループには「約束する」という意味の語彙を収集していた。

三七〜四一グループの語彙を見れば、主に「訴訟関係・裁判関係」の文書に常用する語彙を積極的に取り入れることが分かる。三七グループは、「訴訟関係の用語」、四一グループには「裁判用語」、その間には「訴訟が起きる原因を陳述するのに使用する用語」の類が配列されていて、その配列が、実際の訴訟流程と合致している点に注意すべきである。

一一五〜一一九グループまでは、主に「官位」に関わる語彙を収めている。一一五グループには「権力者にとりいること」を意味する語彙、一一六グループには「権力者にお もねること」を意味する語彙、一一七グループには「官職地位の交替する」を意味する語彙を列挙して収めている。一一八グループには「一時的」を意味する語を二点並べ、一一九グループには「巡り合わせる」を意味する語を二点挙げた。

右は、『消息詞』の文書用語グループの前部、中部、後部から任意の類を抽出して分析を行った。一見無造作に配置されているように見えるが、実は意味用法や使用場面の近似度により、並んでいるのではないかと考えられる。

次に、一グループの内部の所収語句相互について、意味用法・使用場面の関連性を見てみよう。一例として、六二「可四令二相計一給三」グループには、「相構」「廻二計略一」「秘計」「秘術」「治方」「治術」「方便」の八語が収められているが、それらの意味を表一で表してみる。

表一

所収語句	意味	語籍	品詞
可四令二相計一給	方法を考える		
相構	相手を配慮して方法を考える	和語	副詞
廻二計略一	方法を考える		
秘計	密かに考える方法	漢語	名詞
秘術	秘密にしていた方法	漢語	名詞
治方	国を治める術／病気を治す方法	漢語	名詞
治術	国を治める術／病気を治す方法	漢語	名詞
方便	一時に使用する方法	漢語／仏語	名詞

右の表をみると、このグループに収録された語句は、単語だけではなく、短句も所収対

象になっているし、所収語彙の語籍や品詞にも一定の幅が見られる。『消息詞』において、「可(ヘシ)四令(シメ)二相計一給三」は、「令」に「シメ」、「可」に「ヘシ」の傍訓が施されており、「アイハカラシメタマフベシ」と読み、適切な事態を実現させるよう、何らかの手だてを講じて、内々にうまく取りなしたり、取りはからったりする行為を表す短句である。「治方(チハウ)」「治術(チシユツ)」は「国を治める方法」と「病気を治す方法」の意味用法があるが、書簡に使用される場合、前者の意味用法を取るのが多いことから、このグループは「計略・方法を述べる場面に使用する」語彙を収集対象にしていることが分かる。

　このように、『消息詞』の分類と配置は一定の規律性があって、当書は「消息（即ち書簡形式の公的文書）においての使用場面に接点が有るか否かによって分類を行い、分類したものは、更に消息中における使用頻度が高いものから低いものへの順序により配置した」と考えられるが、これを証明するには、詳細な分析が必要である。第三節では、前部、中部、後部のグループから幾つかのグループを選び出し、分析を行う。

第三節　グループ分析の方法

　第二節では、『消息詞』の分類と配置は一定の規律性があり、「消息（即ち書簡形式の公的文書）において使用場面に接点が有るか否かによって分類を行い、分類したものは、更に消息中における使用頻度が高いものから低いものへの順序により配置した」と指摘したが、本節では、それを実証するための分析を試みる。第二節の表一及びグループの分類を参照して、前部、中部、後部から幾つかのグループを取り出し、左記の凡例に則って、各グループ所収語彙の分析を行う。

〔凡例〕

一、グループ名は△、『消息詞』の見出し語は○で表記する。

二、各語彙の文書用例は、CD-ROM版『鎌倉遺文』で採集し、文書番号、日付、文書名はCD-ROM版『鎌倉遺文』の記述方法で表示する。

三、『消息詞』における割注は〈 〉で表示する。

四、東京学芸大学高橋研究室に所蔵されている古辞書を用いて調査を行う。調査に使用する古辞書の書名は以下の通りである。

1 陽明文庫蔵『諸雑聞書』言語類

2 有坂本『和名集』伊路波字

3 広島大学本『和名集』(仮題)伊呂波字

4 東京大学文学部国語研究室蔵『伊呂波集』(仮題)

5 高橋本『色葉字』

6 北野天満宮蔵佚名古辞書『色葉集』

7 妙本寺蔵永禄二年『いろは字』

8 元亀二年京大本『運歩色葉集』

9 国立国会図書館蔵『色葉字尽』

10 猪無野本『伊呂波集』

11 『印度本節用集古本四種研究並びに総合索引』中田祝夫(昭和五十五年 勉誠社)

12 『古本節用集古本六種 研究並びに総合索引』中田祝夫(昭和四十三年 風

間書房）
13『改訂新版　文明本節用集研究並びに索引』中田祝夫（昭和五十四年　勉誠社）
14『色葉字類抄研究並びに索引』中田祝夫・峯岸明（昭和三十九年　風間書房）
15 使用した古文書・古記録用語辞典類は、左記の通りである。
①古文書用語辞典（荒居英次、飯倉晴武、太田順三、佐々木克、高橋正彦、広瀬順皓、福田アジオ編、二〇〇一年六月、柏書房）
②古文書用語大辞典（佐藤孝之、天野清文編、二〇〇六年四月、新人物往来社）
③古文書古記録語辞典（阿部猛編、二〇〇五年九月、東京堂出版）
④音訓引き古文書辞典（林英夫編、二〇〇四年一月、柏書房）
⑤古文書用字用語大辞典（池田正一郎編、一九九五年六月、新人物往来社）

第四節　グループ分析

第一項　進上グループ（第1グループ）

○進上（シン）

文書番号:40　和暦:（文治2年）正月24日　西暦:1186

文書名：源頼朝書状　典拠：吾妻鏡文治二年正月廿四日条

【本文】

日吉塔下彼岸衆申文一通、謹以進上之候、為法性寺領小橋庄被押領三ケ村候云々、而重家、自近衛殿賜小橋庄預所職候畢、仍衆徒可停止重家之結構之旨、雖触遣候、云彼云是、共以庄領候、依不能私成敗候、所令執申候也、任道理、可被計仰下候歟、頼朝恐々謹言、

正月廿四日　頼朝裏御判

進上　帥中納言殿

○謹々上

文書番号：6449　和暦：（寛元3年）3月1日　西暦：1245

文書名：御室宮（道深法親王）令旨　典拠：山城神護寺文書

【本文】

（端裏書）「孔雀経法御勧賞有職内一口被寄進当寺御教書〈寛元三年乙巳覚宗奉〉」今度孔雀経法御勧賞事、旁有被思食之旨、両条被申子細了、其内阿闍梨五口被奉寄御本尊也、彼五口阿闍梨大師御遺跡止住輩、各可応其撰之由、有御心願、神護寺分一口、早尋其仁、可吹挙申之由、可被仰含寺僧歟、殊存道理、可令計申給之旨、御気色所候也、仍執啓如件、

「寛元三年乙巳」三月　日　法橋覚宗奉

謹々上　神護寺別当法印御房

○謹上

文書番号：382　和暦：（文治5年）4月16日　西暦：1189

文書名：摂政（九条兼実）御教書　典拠：東南院文書六ノ七

【本文】

（端裏書）「権弁奉書　伊賀庄々正書文事　到来四月十七日」伊賀国相論文書正文事、以御請文之旨、申上候之処、此事沙汰経数月間、寄事於左右、遁避之条、尤無其謂、於文書子細者、可令守記録所催促之趣給、別不及被仰子細、今十箇日之中可被召進、若過彼日限者、任国衙之申状、可被裁許之由、摂政殿気色所候也、仍執啓如件、

四月十六日　権右中弁（花押）奉　謹上　東大寺法印御房

【分析】

進上グループには、「進上」「謹々上」「謹上」の三語が属している。「進上」は、「献上する・差し上げる」の意味以外に「目上や上位機関に書状を出す時、その相手に対して敬意を表す」場合にも用いられる。「謹々上」は、「同輩や目上の人に対して敬意を表し、書状の宛名に添える語句である。「謹上」は、「謹々上」と同じく、書状の宛名に添える語であるが、「謹々上」に比べてその敬意が下がっている。このグループには「書状の宛名に添える語句」を収めているが、「進上」「謹々上」「謹上」の順で、敬意が下がる特徴がある。

第二項　者　依　天気内仰　グループ（第2グループ）

○者（テイレハ）　依　天氣内仰

文書番号:4298　和暦:(寛喜4年) 3月16日　西暦:1232
文書名:後堀河天皇綸旨　典拠:民経記貞永元年三月十六日条

【本文】

去七日盗人穿大学寮廟蔵、侵取孔子影了、但所残唐本霊像、金岡筆先師一鋪已下云々、尤可被尊崇之影也、而件廟蔵四面垣不全、云修理云守護、沙汰遅引之間、猶被留置件所之条、非無事恐、□□雖可被渡他所、亦無便宜之所歟、如何様可有沙汰乎、可令計申給者、依天気言上如件、経光恐惶謹言、

三月十六日　春宮権大進経光　進上　按察殿

○執達如件

文書番号:27　和暦:文治元年12月6日　西暦:1185
文書名:源頼朝下文案　典拠:諫早家系事蹟集一

【本文】

下　肥前国御家人竜造寺季家所

右、平家背朝威零落之時、鎮西輩大略雖相従、季家等不与彼凶賊、所致忠功神妙也、仍季家任相伝之由緒、可為竜造寺村地頭職、於有限年貢所当者、用本所之下知、如先例、不可有懈怠、向後為御家人、可抽忠勤之旨、依鎌倉殿仰、執達如件、

文治元年十二月六日　盛時奉「民部丞」

○執啓(ケイ)

文書番号:382　和暦:(文治5年)4月16日　西暦:1189
文書名:摂政(九条兼実)御教書　典拠:東南院文書六ノ七

【本文】
(端裏書)「権弁奉書　伊賀庄々正書文事　到来四月十七日」
伊賀国相論文書正文事、以御請文之旨、申上候之処、此事沙汰経数月間、寄事於左右、遁避之条、尤無其謂、於文書子細者、可令守記録所催促之趣給、別不及被仰子細、今十箇日之中可被召進、若過彼日限者、任国衙之申状、可被裁許之由、摂政殿気色所候也、仍執啓如件、

四月十六日　権右中弁(花押)奉　謹上　東大寺法印御房

○上啓(シヤウケイ)

文書番号:20709　和暦:(正安3年)2月9日　西暦:1301
文書名:円満院宮(恒助法親王)令旨案　典拠:近江菅浦文書

【本文】
(端裏書)　「円満院宮　大浦庄悪行百姓等」
近江国大浦庄雑掌申悪行百姓等竄置傍庄菅浦由事、玄円僧都申状〈副訴状具書、〉如此、子細見状候歟、以此旨、可有申御沙汰由、円満院宮御消息所候也、仍上啓如件、「正安三」

二月九日　法印円伊上　謹上　坊城前中納言殿

【分析】

者依天氣内仰グループには、「者依天氣内仰」、「執達如件」、「執啓」、「上啓」の四語が属している。「者依天氣内仰」は「天皇や上司の機嫌や意向」という意味であるため、「者依天氣内仰」の「天気」は「天皇や上司の機嫌や意向によっては」という意味になる。そのため、「者依天氣内仰」は、書状において書き止めの語句として、常に「依天気執達如件」、「依天気言上如件」の形で書状の末尾に置かれ、「天皇や上司の意向を伝達する」という意味として使用される。「執達如件」は、文書において書き止めの熟語として使用される。「仍執達如件」、「依天気執達如件」などの形で、上位機関や上位者の意向や意見を下位機関に伝達する意味である。「執啓」、「意見を天皇に伝える」の意味で、「執達如件」は書状においては、「下位者の意見などを天皇に伝達する」という意味で、書状の末尾に置かれるのが一般である。「上啓」は、「天皇や上位者も意見を伝達する」の意味合いであり、書状では「上啓如件」の形式で、書簡の末尾に置かれる。

このグループに収められた語句は、「意向や意見などを伝達する」という意味で、書状においては末尾に置かれるのが共通点である。しかし、「者依天氣内仰」、「執達如件」は「上位者特に天皇の意向を下位者に伝達する」という意味用法に対して「執啓」、「上啓」は逆に「下位者の意見や物事を上位者に伝達する」場合に使用する語句であり、このグループには、使用場面は一致しているが、動作の方向性が反対である四語を集めていることが特徴とも言えるだろう。

第三項　御返事グループ（第７グループ）

○御返事

文書番号:7169　和暦:（建長2年）2月22日　西暦:1250

文書名:前石見守友景書状　典拠:山城神護寺文書

【本文】

（端裏書）「石見前司返状〈吉富庄与細川庄検見使間事、二月廿二日〉」吉富与細川道相論事、使者来廿六日、被差遣事、承候了、其由可申沙汰候、但此事、先日令申武家候了、然者、賜彼御返事、可申之旨、存知候、如何、恐々謹言、

「建長弐年」　二月廿二日　前石見守友景

○御報（ゴホウ）

文書番号:27142　和暦:（元応元年?）8月1日　西暦:1319

文書名:金沢貞顕書状　典拠:金沢文庫文書

【本文】

自今日御神事中候、不可承御報候、加様申候之処、谷殿便宜候之間、事付申候也、貞将御恩事、只今為長崎新兵衛尉御使、拝領候了、面目与恐悦相兼候者也、心中可有御察候、先篋々令馳申候、恐惶謹言、

八月一日　貞顕　方丈進之候、

○貴（キ）報

文書番号:51485　和暦:（建長３年？）　西暦:1251

文書名：某書状　典拠：大和東大寺所蔵恵日古光鈔八裏文書

【本文】

御料誠ハ山口霊山院のにて候也、件水を迎令引候て候、□□□□可有入御候、此宿所、真光□□に候へハ、やすかるへく候、貴報慥以拝見仕候也、御油倉焼失、返々以驚入候、又大勧進追仏殊増□当時者貴寺御訴訟、無何不静候歟など、承及候間、仏法衰之因縁にて□や候覧と相存候也、心中真実歎入候也、

兼又来十三日十禅供養如定候、

○愚報

文書番号:29944　和暦:嘉暦２年８月２６日　西暦:1327

文書名：平等院牒　典拠：大和福智院家文書

【本文】

（端裏書）「平等院返牒嘉暦二年八九月廿六」

平等院政所　請　興福寺牒一紙

右、御神木可有御入洛之上者、御神供仮殿以下用意事、早以夜続日、任例可被下其料物由、宜馳申、殿下御所者、依預貴寺芳問、謹所勒愚報如件、

嘉暦二年八月廿六日丑刻

○返報

文書番号:29562　和暦:（嘉暦元年?）8月22日　西暦:1326
文書名:順忍書状　典拠:醍醐寺文書

【本文】

度々御札、折節他行仕候て、于今不申返報候之条、為恐候、抑御祈祷事、彼方令申候後、入見参未申談候之条、無心本相存候、兼又秘抄外題事、先度面拝之時令申候、以覚善房進候、被染御筆候者、可為恐悦候、又此書一書未終功候者、可給候、又切出本者、未書写仕候、同預候者、悦存候、又護摩次第可書写預之由蒙仰候、料紙進候、委細遂面拝、可令申談候、恐々謹言、

八月廿二日　　順忍（花押）（ウハ書）「（切封墨引）犬懸御房順忍」

【分析】

御返事グループには、「御返事」「御報（ゴホウ）」「貴報（キ）」「愚報（グ）」「返報（ヘン）」の五語が属している。このグループには返事に関わる語彙が収められている。「御返事」「御報（ゴホウ）」「貴報（キ）」は、相手の返事を敬って使用する語彙であり、「愚報（グ）」は自分からの返事を謙って表す場合に使用する語彙である。「返報」が、双方が同輩や身分が同等である場合に、「相手に返事する或いは報告する」という意味を持っている。

御返事グループの所収語彙は、すべて「返信する或いは報告する」という意味があり、相手の身分や地位によって発生する待遇表現に資するように、尊敬語、謙遜語、一般語を意図的に収めていることが、当グループの特徴である。

第四項　可給候グループ（第16グループ）

○可給候

○可給（「可給」と同じであるため、用例を省略する。）

文書番号:23503　和暦:（徳治3年）4月14日　西暦:1308
文書名：長井貞秀書状　典拠：金沢文庫文書

【本文】
御帰之時、定可有御立寄歟之由、存候之処、無其儀候条、遺恨候、抑先日御約束候し北斗祭文可給之由候しに、未給候之条、已御破戒候哉、無物体候、早々可給候、又唐船無為帰朝候由、自六波羅注進候、付惣別、□□□又頓医抄御借用候し、可返給候、或人一見望候之由申候、事々期面拝候、恐々謹言、
四月十四日　貞秀
明忍御房　（切封墨引）

○及給

文書番号:50233　和暦:（建久9年）3月13日　西暦:1198
文書名：大神宮大宮司書状　典拠：建久九年内宮仮殿遷宮記

【本文】
正殿御修理之間、仮殿日時　宣旨并祭主下文、成副司符献之、請文早付廻史、可及給也、

雲形布、棟上日時以前、可被奉下之由、可被載歟、任先例、可令申上給候、謹言、

三月十三日　大宮司〈在判〉謹上　内宮長殿

○恩給

文書番号:257　和暦:文治3年8月8日　西暦:1187

文書名:惟宗行能解　典拠:吾妻鏡文治三年八月八日条

【本文】

惟宗行能謹解

最勝寺訴申若狭国今重保背　院宣并鎌倉殿御下文旨、企押領由事、

右、九郎判官逆乱之時、自東国武士上洛之日、行能相具北条時政之手上洛畢、而為兵粮米充給所、置代官、不可致沙汰之由、自鎌倉殿、依被仰下、不置代官、罷下本国畢、況於今重保者、無可知行之由緒、又自鎌倉殿非恩給之所、何以令致押領乎、但号行能代官、無告文者、称不可用之由、度々背院宣并鎌倉殿御下文之間、依院宣、預御勘発、因之、且取不当之名、其恐不少、然者於号行能代官之輩者、早被搦取、可被処罪科也、全非行能結構、仍謹解、

文治三年八月八日　惟宗判

○恩賜

文書番号:31218　和暦:(元徳2年?)4月晦日　西暦:1330

文書名:心日書状　典拠:早稲田大学文学部荻重研究室所蔵文書

【本文】

今年者気節遅引之間、諸方之茶未出来之由、申合候之処、名誉御茶二裹、暮大之恩賜、難申尽紙上候、仏祖并宿老等可奉饗応候、其旨令申此僧候、恐々謹言、

卯月晦日　沙門心日（花押）

○下給

文書番号:346　和暦:(文治4年)10月4日　西暦:1188
文書名:源頼朝書状　典拠:吾妻鏡文治四年十月四日条

【本文】

先日所被仰下候之備前国福岡庄事、被入没官注文、下給候畢、而宮法印御房難令勤修讃岐院御国忌之由、被歎仰候之間、以件庄可為彼御料之由申候て、無左右不知子細、令　奉進候畢、此条非別之僻事候歟、而今如此被仰下候、早随重御定、可令左右候、御定之上、雖一事、何令及緩怠候、以此趣可令披露給候、頼朝恐惶謹言、

十月四日　頼朝、在裏判　進上　右衛門権佐殿

【分析】

可レ給候グループには、「可レ給候」「可レ給」「及給」「恩給」「恩賜」「下給」六語が属している。その中で、「及給」の意味用法が不明であるため、該当文書用例を解釈してみよう。「及給」を含む文書として、左記の書状がある。

文書番号:50233　和暦:（建久9年）三月十三日　西暦:1198

文書名：大神宮大宮司書状　典拠：建久九年内宮仮殿遷宮記
「正殿御修理之間、仮殿日時　宣旨并祭主下文、成副司符献之、請文早付廻史、可及給也、雲形布、棟上日時以前、可被奉下之由、可被載勲、任先例、可令申上給候、謹言、／三月十三日／大宮司〈在判〉　謹上　内宮長殿」
　建久九年の神宮関係の文書として、伊勢大神宮正殿修理の間、仮殿を造営して遷宮する次第に関する多くの文書が残されている。右の大神宮大宮司の書状は、そのうちの一通である。伊勢大神宮の正殿を修理するため、仮殿を建造する日時についての官宣旨、ならびに、祭主大中臣隆宗の下文が下された。その二通の関連文書を、以下に掲げる。
文書番号:50226　和暦:建久九年三月五日　西暦:1198
文書名：官宣旨　典拠：建久九年内宮仮殿遷宮記
「左弁官下　伊勢太神宮司
　応任日時勤行当宮仮殿修造事
　　入杣採材日時
　　　今月十五日壬子　時巳二点
　　　　十八日乙卯　時午二点
　　始仮殿木作日時
　　　四月三日庚午　時午二点
　　　　六日癸酉　時午二点
　　立柱上棟日時
　　　廿一日戊子　時午二点
　　　廿四日辛卯　時午二点
　　奉渡御体於仮殿日時
　　　六月一日丁卯　時寅二点

五日辛未　　時寅二点

修理正殿日時

一日丁卯　　時辰二点

五日辛未　　時卯二点

奉移御体於正殿日時

一日丁卯　　時戌二点

五日辛未　　時戌二点

右、権中納言平朝臣親宗宣、奉　勅、宜任日時、早令勤行者、

宮司承知、依宣行之、

建久九年三月五日　　　　右少史中原朝臣〈在判〉

中弁藤原朝臣〈在判〉」

文書番号:50230　和暦:建久九年三月十二日　西暦:1198

文書名:祭主大中臣隆宗下文　典拠:建久九年内宮仮殿遷宮記

「下　太神宮司

可早任　宣旨、勤行当宮正殿修造事

副下　宣旨

右、今月五日　宣旨、今日到来語、子細云々具也、仍相副下

知如件、宮司宜承知、依件行之、以下、

建久九年三月十二日

祭主神祇大副大中臣朝臣〈在判〉」

大神宮大宮司に対して、官宣旨、および祭主大中臣隆宗の下文をたまわり、それら二通の文書を添えて、次のような司符（伊勢大神宮司等の令外の官司から下された文書）を下付している。

文書番号:50232　和暦:建久九年三月十三日　西暦:1198
文書名:大神宮大宮司符　典拠:建久九年内宮仮殿遷宮記
「司符　太神宮神主
　可早任　宣旨、祭主下文、勤行当宮正殿修造事
　副下　宣旨祭主下文
右、今月五日　宣旨　并今月十二日祭主下文今日到来語、子細云々具也、仍相副下符如件、神主宜承知、依件行之、以符、
　　建久九年三月十三日
　大司大中臣朝臣〈在判〉
　権大司大中臣朝臣〈在判〉
　少司大中臣」

　このような段階で書かれたのが、五〇二三三号文書であり、内宮長宛てに関連文書を献上した上で、早く廻使（返事の手紙を持ち帰る使い）を遣わして、請文（仮殿建造と正殿修理を誤りなく履行することを請け合う文書）を送り届けていただきたい。雲形の布（雲形の幕とも言う。神殿建造の時、大工等に内部を見られることを避けるために、正殿の周囲にめぐらす紺色の布を指す。「雲形」の名は、正殿を天上に擬し、これを雲で覆い隠すところからの名称とされる。）は、棟上げの日時以前に奉献せらるべきことを、記載していただきたい。前例通りに御注進ください。以上のような内容である。

　この依頼を受けて、大神宮の神主と禰宜が、左記の請文を奉り、宣旨と先例通りの次第で造営することを請け合っている。

文書番号:50234　和暦:建久9年3月14日　西暦:1198
文書名:大神宮神主・祢宜請文　典拠:建久九年内宮仮殿遷宮記
「太神宮神主

依　宣旨、注進応任日時勤行当宮正殿修造事

右、宮司今月十三日符併、祭主同十二日下文併、同月五日
宣旨語、入杣日時、今月十五日壬子、時巳二点、十八日乙卯、
時午二点、始仮殿木作日時、四月三庚午、時午二点、六日癸
酉、時午二点、立柱上棟日時、廿一日戊子、時午二点、廿四
日辛卯時午二点、奉渡御体於仮殿日時、六月一日丁卯、時寅
二点、五日辛未、時寅二点、修理正殿日時、一日丁卯、時辰
二点、五日辛未、時卯二点、奉移御体於正殿日時、一日丁卯、
時戌二点、五日辛未、時戌二点、右権中納言平朝臣親宗宣、
奉勅、宜任日時、早令勤行者、謹所請如件、然則、任被宣下
日時、早勤行也、雲形布、棟上日時以前、早可被奉送之状、
注進如件、

建久九年三月十四日」

五〇二三三号文書における「及給」は、「およぼしたまはる」と読み、文書、ここでは「請文」を「お送り届けになる」意を表す。

古辞書では、早く、前田尊経閣文庫蔵三巻本『色葉字類抄』、遠篇畳字部に「被及給哉〈ヲヨホシタマハレナムヤ　乞詞〉」とあり、五〇二三三号文書の「可及給」と、極めて近似した意味であると考えられる。

『消息詞』において、「及給」は「可（ヘク）レ給（タマハル）候」のグループに属している。同グループには他に、「可（ヘク）レ給（タマハル）」「恩給」「恩賜」「下給」の諸語が有る。文書や物、その他を催促する際に使用する語句が収録されている。

このグループに収められている「可（ヘク）レ給（タマハル）候」「可（ヘク）レ給（タマハル）」「及給」「恩給」「恩賜」という五

語には、「天皇や他人から官位や品物などを受ける」という意味を持っている。「可レ給候」「可レ給」「及給」は、「他人から何らかの利益を受ける」の意味で、年齢や身分が同等である双方に使用される。それに対して「恩給」「恩賜」は、「天皇から品物や官位をもらう或いはもらった品物や官位を指す」という意味で、どちらにしても与える方が天皇であることが同じである。しかし、「下給」は、「目下や下位者に物をあげる」という意味であるので、「可レ給候」「可レ給」「及給」「恩給」「恩賜」の「物をもらう」という使用場面が反対であることが分かる。

可レ給候グループには、授受の意味である語彙が収められ、グループ中で、五語は「天皇や上位者から物をもらう」という場面に使用し、他の一語は「下位者や目下の人に物をあげる」という場面に使用する語である。

第五項　裁許グループ（第41グループ）

○裁許（サイキョ）

文書番号:333　和暦:(文治4年)7月11日　西暦:1188
文書名:後白河法皇院宣　典拠:吾妻鏡文治四年七月十七日条

【本文】

放生会駕輿丁神人等訴申事、法印成清申状遣之、此事、去年已神事及違例之、於今年者違乱不可有異儀歟、朝家大事非此事哉、抑神社訴訟雖無其理、依敬神異他、一旦有裁許、追

被厚免者常法也、然者、彼宗長先贖其罪科、追可有左右事也、随又非指親族、只為郎従歟、

且為公私、宜顕忠、強不可令拘留申給歟者、院御気色如此、仍執啓如件、

七月十一日申尅　勘解由次官宗隆　進上　右兵衛督殿

○裁断（サイタン）

文書番号：3396　和暦：（嘉禄元年）8月12日　西暦：1225

文書名：大隅守護北条朝時書状　典拠：祢寝文書

【本文】

大隅国正宮御領祢寝南俣院地頭職事、曽木太郎重能帯故右大将殿御判御下文案、訴申候之

間、依有其疑、先給問状候了、然清重法師之子息清綱、以代々之証文等、依訴申候、披見

両方文書之処、故右大臣殿之御時、遂対決及勘状御裁断之上、去年給安堵御下知状候之間、

任彼状、所令成敗候也、恐々謹言、

八月十二日　散位（花押）　『在日附之裏』　嘉禄元年八月十二日

○裁糾（サイキウ）

九条家本延喜式、巻四裏文書、長元七年（一〇三四）二月八日

【本文】

播磨大掾播万貞成解　申請　非違庁裁事

請、被任道理裁定、為西七条刀禰安倍清安不知姓豊延等、従者男近正〈加〉川原毛父馬

一疋幷黒鞍一具等、被奪取不安愁状

右、貞成、自彼国参上新司御許之間、件近正従者〈止之天〉京上□間、清安豊延等随身数多之人、西七条之末〈爾〉出来〈天〉申云、件馬〈八〉中臣松犬丸〈加〉以去年六月十三日被盗取之馬〈奈利止〉申〈天〉、不論是非奪取已了、抑件馬元者彼国飾磨郡〈乃〉□村〈□〉居住〈為留〉大石頼安〈加〉馬也、領知已経数年之間、依有各毛々之要〈天〉、以去長元五年十二月中近正所領黒毛母馬〈爾〉相替〈天〉所領知也、皆非無券文、随馬年已廿余歳、此程已在地郡司・刀禰等皆所見知也、又領主顕然也、而被盗取馬〈止〉申〈天〉偏触申非違之庁裁、近正之身被召禁者、重検案内、件馬者、於頼安〈加〉許〈爾之天〉経十余年、随〈天〉近正領知之後又三箇年、而清安豊延等〈加〉所申〈八〉、以去年六月中被□〈盗カ〉取申、又近辺之人々或不在〈止〉申、或慥〈爾〉見〈天〉可申之由〈遠〉申〈止〉云々、専無一定者、前後已相違者、為愁之甚、莫過於斯、望請　庁裁、任理被裁糺、将知正理之貴、仍注事状、以解、

○恩裁（オンサイ）

文書番号:16228　和暦:弘安10年3月　西暦:1287
文書名：薩摩新田宮所司神官等解　典拠：神代三陵志

【本文】

薩摩国八幡新田宮所司神官等謹解申進申文事
請殊蒙恩裁、仰同国守護人下野三郎左衛門尉忠宗、而可注進当国一宮由、自関東被仰下処、郡内小社開門社存外仁為一宮旨、就令競望、忠宗不糺明彼此是非、令閣沙汰、希代未会有子細状、
右、謹検案内、当宮者天下剖判之初、乾坤造花之砌、地神三代之尊神瓊瓊杵尊之霊廟也、

号之可愛陵、仍天下始起于此神、日本紀曰、此尊者立国之神聖、創業之祖也、是則天照大神与高皇産霊孫也云々、尤可謂吾朝□一宮、何況、為国中一宮之条、無異儀者哉、開門社者、天智天皇帝后也、然者、云時代、云年紀、不及対揚之条、勿論歟、

弘安十年三月　執印散位惟宗重兼　外連署七名

○天裁（サイ）

文書番号:152　和暦:(文治2年)8月5日　西暦:1186
文書名:源頼朝書状　典拠:吾妻鏡文治二年八月三日条

【本文】

六月一日御教書、七月廿八日到来、謹以令拝見候訖、新日吉社御領武蔵国河肥庄事、本自為請所、令進御年貢候之所也、而去年領家令逝去之由依承候、不知可進年貢之所候、仍令相待領家候之間、彼年自然罷過候了、地頭恣非抑留之儀候歟、而今前領家孫以禅師君、可為領家候者、早令存知其旨、可令沙汰進年貢候之由、可令下知地頭候也、且社役為先、自今年無懈怠可令沙汰之由、可令下知候、同御領長門国向津奥庄地頭、謀反人豊西郡司弘元之所帯ニ候、仍以景国令補地頭候之処、致種々悪行候之条、事実候者、不能申左右、早企参洛、且令陳申子細、且可仰天裁、兼停止濫行、可随社家使進止之由、所令下知候也、件状一通謹以進上之候、以此旨、便宜時可令洩達給候、頼朝恐惶謹言、

八月五日　頼

○聖断（セイダン）

文書番号:2320　和暦:(建保5年)6月21日　西暦:1217

文書名：右大臣藤原道家書状　典拠：東大寺要録二

【本文】

鴨社東大寺相論長渚開発事

右件地、可為東大寺領之条、応徳皇后宮職相伝之状、嘉承宣旨、承安祐季請文等、已以炳焉歟、然者且尋天平施入之跡、且任元永勘注之旨、可有其沙汰歟、抑鴨社可為開発主之由、見記録所勘文、此事如何、社家若有墾開之志者、可諸寺家、将存公領之由者、可触国司、自由之勤、専背格条者歟、鴨社可領田地之由、文書中無所見之故也、但如康和宣下者、猪名庄四十余町之外、可非寺領歟、減勅施入町段之条、雖非無不審、用捨之間、宜在聖断、以此趣、可被奏聞之状如件、

六月廿一日　右大臣〈在判〉右大弁宰相殿

○勅許

文書番号：380　和暦：文治5年4月7日　西暦：1189

文書名：源頼朝下文　典拠：保阪潤治氏所蔵文書

【本文】

可令早停止遠兼地頭職事

右、当庄、載平家領没官注文、自　院給預了、其状云、鞆田庄六条院領焉、而件注文不下賜以前、帯可為東大寺領　院庁御下文、相触之時、天下不落居之比、理不尽奉免之間、自院家以此領成寺領、無道之由、依経院奏被仰下之日、決子細之処、院領年尚、平家知行矣、仍可随院家之由、地頭補任之次下知了、而至寺家院家領否之条者、不能私裁断、早達天庁、

可待勅定、然者可為寺領之旨、有勅許之時、雖当地頭停止之理、当時不令左右者、似無答、
仍停止遠兼所職之状如件、以下、
文治五年四月七日

○聽裁（チヤウサイ）

文書番号:967　和暦:建久9年2月　日　西暦:1198
文書名:河内金剛寺住僧等解案　典拠:河内金剛寺文書

【本文】

河内国金剛寺住僧等解　申請二品法親王庁裁事
請殊蒙庁裁、以当寺為北院末寺、毎年弁備修正壇供餅百枚
子細状、
副進
貞弘寄文一通
国司庁宣一通
院庁御下文一通
宣旨一通
右、当寺者、無縁之道場有験之伽藍也、仏聖難備、立錐之地不領、僧侶無供、一鉢之資尚
空、唯為八条院御祈願所、鎮勤不退之御願、奉祈無窮之仙算、而当国住人源貞弘帰依之心
不浅、以寺辺私領田畠、施入仏聖灯油料之後、国使乱入致其煩之間、可免除官物以下国役
雑事之由、申請国司庁宣、即成賜後白河院庁御下文、一院御在位之時、被下宣旨畢、件等
子細具于所進状、以彼時之鳳詔、備来葉之亀鏡、誰背厳旨可致濫妨哉、然而殊有存念之趣、

重為募御勢、永所寄進北院末寺也、於寺務者、任宣旨状、大法師阿観門跡相承不可有相違、但寺領狭少、田畠不幾、彼百枚御壇供之外、臨時寺役雑事不可被充催者也、望請庁裁、任申請可為末寺之由、被成下庁御下文、将致年貢之勤矣、仍勒事状以解、

建久九年二月　　日

○裁報（ホウ）

文書番号:14810　和暦:（弘安6年）3月22日　西暦:1283
文書名:関白鷹司兼平御教書　典拠:兼仲卿記弘安六年三月廿一日条

【本文】

多武峯訴申寺領点定事、以先日申状、定披露衆徒歟、雖須被待彼左右、猶所被漏泄子細也、綷起自弘福寺之相論、已今及竜蓋寺令焼失、彼寺存外之沙汰、雖不能是非、当寺折中之計策、非可莫遠慮、然者、於彼舎宅者、不日令成営作之功、於件土打者、如昔可慎勤仕之力由、可有御下知峯寺者也、衆徒縦雖貽鬱憤之思、長者忽被行寛宥之上者、尤随裁報之趣、可停確論之義歟、且又可為如何様哉之由、具相触衆徒之旨、可被仰遣寺家之由、殿下御気色所候也、仍執啓如件、

三月廿二日　　治部少輔兼仲　　謹上　　権弁殿

○裁下（サイケ）

文書番号:13612　和暦:（弘安2年）6月9日　西暦:1279
文書名:外宮祢宜行晴書状　典拠:弘安二年内宮仮殿遷宮日記

【本文】
今度仮殿御装束料絹大宮司之沙汰、麁悪不法、先規無比類候、而如作所房昌来成敗者、背代々佳例、於事求邂逅不法之跡、及嗷々候云々、以今不法称近例、向後定違故出来候歟、随御装束料絹不法之間、可調進美絹之旨、度々雖相触、無承知候之条、非公平儀候哉、然者、以今度不法、不可為例之由、可被召厳蜜之請文候哉、続又殿内露顕、依事恐、以祢宜等令立蔭、奉納御神宝畢、就中、麁悪之間、開閉御戸之時、御幌纒于御鎰、已及破損候、次宮司召絹四丈兼令用意御幌、奉開御戸之後、可奉重懸候哉、随訪先例、正殿御幌雖為単、殊経御沙汰、任神宮申請、被成両面候畢、仮殿同向後両面之条、可宜候歟、凡今沙汰之次第、無清撰之註候哉、殊廻賢慮、可被裁下候哉、誠恐謹言、

六月九日

○裁定

文書番号:13932　和暦:弘安3年4月23日　西暦:1280

文書名:法橋良暹寄進状案　典拠:伊勢櫟木文書

【本文】
永寄進多気郡相可郷三疋田村荒張御薗口入料田事　合捌段六十歩者

右、当御薗者、去承元年中建立豊受太神宮御園、送多年畢、而永楽寺領地頭致押妨之間、年々不及上分口入沙汰、仍以有近之名字、賜本所御挙状、訴申六波羅家、番訴陳之処、有近帯証文道理之刻、地頭遁避之間、去正月廿二日預武家御裁定、賜本所御下知畢、仍仰神威、依有存旨、以権祢宜行文神主定口入所、如本号荒張御園、米参斛、御園本器定、限永代、毎年無懈怠、可備進彼宿所也、但於上分者、以此内、為口入所御沙汰、直可被備進御

贄上分也、末代若致対捍之時者、付件八段余之地本、自口入所、可被致苛法之責、仍為後代、寄進之状件、

弘安参年四月廿三日　御園領主法橋上人位判　判形之裏ニ良暹ノ二字ア

【分析】

裁許グループには「裁許」「裁断」「裁糾」「恩裁」「天裁」「聖断」「勅許」「聴裁」「裁報」「裁下」「裁定」十一語が属している。その中で、「裁糾」はCD-ROM版『鎌倉遺文』に該当用例がないため、他の古記録で用例を採集し、分析を行ってみる。九条家本延喜式、巻四裏文書、長元七年（一〇三四）二月八日、播磨大掾播万貞成解（平安遺文五二四号文書）の内容は以下の通りである。「播万の貞成が、違法な庁裁（院の庁の裁き）を調べ直してほしいと、朝廷の上位機関に願い出た文書である。播磨の国から、従者近正が、京の都に上ってきた時に、清安・豊延の家来たちが、近正の馬を、中臣の松犬丸のもとから、去年盗まれた馬だと主張して、馬と鞍を、不正に奪い取った。しかし、元来その馬は、播磨の国の飾磨の郡の大石の頼安の所有だったものを、一昨年、近正が譲り受けたものであることは、関連する証拠書類から確認でき、清安・豊延らの主張は根拠が無い。また、松犬丸がその馬を所有していたという近隣住民の証言はまちまちで、信用できない。このような論拠を勘案して、正しい裁定を下されるよう願い上げる」という趣旨であり、現在でいう再審請求に当たる。「裁糾」は、間違っている裁定等を、調べ直して、正しく裁き直すことである。「裁糾」は、管見の古本『節用集』諸本のいずれにも収載されていないし、『日本国語大辞典』『時代別国語大辞典室町時代編』『角川古語大辞典』『国史大辞典』等の大型の辞書類にも載録されていない。また、古文書・古記録用語辞典類にも項目が立てられていない。

「裁下（サイケ）」は『日本国語大辞典』第二版の解釈が不適であるため、CD-ROM版『鎌倉遺文』一三六一二の文書を分析し、意味を確定する。この書簡は、弘安二年六月九日に、伊勢神宮の豊受大神宮の禰宜が祭主にだしたものであり、内容は以下のようである。「今度、大宮司が仮殿の内装に使用する絹を巡る不正行為は、現今まで類ないほど、悪質な犯罪だけではなく、宮殿を建築するという神聖なことで裁判を行うのは、現在まで誤謬のない歴史に残す事件になり、今回は決して偶然な出来事では無い思う。この事件を一例にし、内装用の絹が不正に使用される間、代用の絹を調達するべきであるが、その行為が犯罪だと再三再四に明文で公示するにも関わらず、不正行為を継続する犯罪者にとって、その法律を承知しないことは法律の裁きを避ける理由にならない。しかし、今回の事件は代表事例ではないため、丁寧な請文を書いたり、公衆に示したり、或いは財宝を神宮に供えることで済むことになった。絹が不正使用される間、扉を開いたり閉じたりするうち、帷子が扉の鍵に絡んだので、破れてしまい、次宮司が代用の絹四丈を調達してくれて、扉を開いて帷子を再び懸けることができた。前例を調べてみたら、正殿の帷子は元々一本であったが、裁判を経て、神宮に申請したら、二本に分けて使っても良いという許可をもらったようなので、仮殿もこれから二本にするのが適切ではないかと思っており、裁きをお願いしたが、是非深思熟慮して賢明な裁きを下して欲しい」とする。ここで、「裁下（サイケ）」は、「裁きを下す・裁断を下す」という意味で裁判用語である。『消息詞』では、「サイケ」という傍訓が施してある。「裁下（サイケ）」は、弘治二年本『節用集』、永禄二年本『節用集』、正宗文庫本『節用集』、天正十八年本『節用集』、饅頭屋本『節用集』、易林本『節用集』、文明本『節用集』、黒本本『節用集』、『伊京集』、東京大学文学部国語研究室蔵『色葉字集』（仮題）、元亀二年京大本『運歩色葉集』、高橋本『色葉字』、北野天満宮蔵佚名古辞書『色葉集』（仮題）、妙本寺蔵永禄二年『いろは字』、陽明文庫蔵『諸雑聞書』言語類、有坂本『和名集』伊路波字、広島大学本『和名集』（仮題）伊呂波字、国立国会図書館蔵『色葉字』、『色葉字類抄』にも掲載されていない。

あらためて、裁許グループ所属語彙を見てみよう。「裁許」「裁断」「裁下」「裁定」は、「上位者・上位機関が裁断を下す」という意味であり、「天裁」「聖断」「敕許」は、「天皇があることについて裁断を下したり許可を出す」の意味であり、天皇の裁断や決定を敬って言う場合に使用する語である。そして、「廳裁」は、検非違使庁からの判断や許可を指す語である。「裁糺」は「誤った裁定などを、調べ直して、正しく裁き直す」という意味であり、「恩裁」が「臣下や下位者が、天皇や公的機関から下した裁定が賢明であるため、その裁定を恩恵と思う」と意味で使用される。「裁報」は「裁定の結果を報告する」という場面に用いられる。

裁許グループは、「上位者・上位機関が判断を下す」に関わる語彙が収められている。判断を下す側が天皇であるとき使用する語彙には「天裁」「聖断」「敕許」があり、公的機関であるときに使用する語彙には「廳裁」がある。「裁糺」は「誤った裁断を裁き直す」場合に使用し、「裁報」は「裁判の結果を報告する」という場面に使用する。このグループは、裁定をする人物や機関、そして裁定をすることにおいて、起こり得る場面に備えて語彙を意図的に纏めている。

第六項　罪過グループ（第47グループ）

○罪過（サイクワ）

文書番号:50396　和暦:（建仁元年カ）７月１６日　西暦:1201

文書名：藤原資実書状　典拠：東大寺文書四ノ五

【本文】

寺家訴訟難罷ハ、令申給候、何事哉、可随仰候、物詣事一定也、先日折紙、神事由、下知記録所了、就其状、少々致沙汰候、勘状到来時可申沙汰歟、真名事、簾可申沙汰候、罪科事ハ、如此沙汰候田地、可被付寺家之由、被訴申候之事ハ、此罪過非謀反、仍田地没収にハ不可及候哉、これハ法之所指申状候也、恐々、

七月十六日　（草名）

○罪科

文書番号：4797　和暦：（文暦2年）7月8日　西暦：1235

文書名：尊性法親王書状　典拠：山城真経寺所蔵法華経裏文書

【本文】

南都之事、昨日自大閤之許、此等之趣不啓候き、次第殊歎思給候、衆徒欝訴、蒙一両裁許之上、属静謐者先例也、此程乍預御成敗、猶申子細之条、実非尋常之儀候歟、能々中々可恐之次第候歟、被召出神人於使庁事、所被注出之先例者、依盗犯殺害之罪過、被召禁使庁許也、此条者、又例者可然之外、去春も依問答事、俊親召出盛時・国重等、於国重者失殺了、大津全不及訴訟候き、且此二罪過、自断神人之交事候、其外切物寄物以下、如此罪科、忽被召出使庁之例、未承及候之間、難治之由、返答候了、依事々難題、若及此候得者、山門衆徒訴訟、又不可黙止、進退谷候、能々召入道内府等、委く可有御談義候、簾可被鎮可被思給候也、此等之趣可令洩申入候、尊性敬言上、

七月八日

○重科
文書番号:150　和暦:文治2年8月3日　西暦:1186
文書名:源頼朝下文　典拠:島津家文書

【本文】
可令早停止千葉介常胤代官字紀太清遠非道狼藉事
右、当御庄寄郡五箇郡者、以常胤令補郡司職了、而守其職許、可随国司下知之処、件清遠猥乱入庄家、致種々非法、苛法狼藉之間、土民不安堵、不及預所并地頭等沙汰之由、有其聞、事実者、清遠之所行、甚以奇恠也、以郡司職、何可打妨預所・地頭之下知哉、自今以後、早可停止件非道狼藉、若尚令違背者、召取其身、可処重科也、且常胤下遣正道者之由、令言上了、而此条尚以不当也、早停止非法、為郡司職代官、可致国司・本家所役勤之状如件、以下、
文治二年八月三日

○犯過
文書番号:3501　和暦:嘉禄2年6月晦日　西暦:1226
文書名:僧実覚置文案　典拠:山城醍醐寺文書

【本文】
（端裏書）「浄光坊根本坊地等案文　〈嘉禄二年六晦山上別当実覚法眼之時〉」追注　浄光
房敷地事

四至〈東限笠取道　南限自常円房中垣、至岸降笠取道、西限日向君中垣　北限自日向君中垣、下北尾腰大巌際至笠取道、〉
右、件敷地者、四至等見于本券、雖然、於南堺、金祐領知之由令申、件僧者、於笠取有犯過之事、仍愚身為山別当之職、彼僧領知令停止了、自今已後、不可致其妨、為向後之亀鏡、追注之状如件、
嘉六二年六月晦日　山別当法眼和尚位実覚在判

○過怠

文書番号:3575　和暦:嘉禄3年2月15日　西暦:1227
文書名:関東御教書案　典拠:書陵部所蔵八幡宮関係文書二十二

【本文】
造宇佐宮用途催使等申状遣之、如状者、為地頭代引率四五百人之勢、追懸火長使部、刃傷蹂躙之間、殆擬及死門云々、子細見于状、事若実者、狼藉之至、過法乎、雖須被改地頭職、先宥御沙汰候也、且為償過怠、且為懲傍輩、米五百石進納造宮所、可被取進返抄、其上於代官者、早可令改易給之状、依仰執達如件、
嘉禄三年二月十五日　武蔵守在御判　相模守同　毛利入道殿

○所犯

文書番号:391　和暦:(文治5年)5月22日　西暦:1189
文書名:源頼朝書状　典拠:吾妻鏡文治五年五月廿二日条

【本文】

太皇大后宮御領駿河国大津御厨地頭兼信不当事、謹承候訖、如此被仰下候之上、自宮仰給て候へハ、於地頭職者、無左右令改定候訖、而兼信所犯不軽之由、雖被仰下候、此条非可私計沙汰候也、被勘所当之罪科、何とも可有御沙汰候、若被行配流候者、被下遣別御使て、召上其身、可有御沙汰候、自大宮如被仰下之状者、罪科之条、不及左右事也、以此旨、可令申上給候、恐々謹言、

五月廿二日　頼朝

○重（チウ）犯

文書番号:17649　和暦:正応4年7月27日　西暦:1291

文書名:紀伊高野山下文案　典拠:高野山文書又続宝簡集八十五

【本文】

（端裏書）「荒川庄下文案」

荒川庄悪党人事、年々雖有其沙汰、不拘鈎寺家制法、致種〃狼藉ゝゝ之上者、放火・殺害等之重犯之輩、早任注文之旨、其身可召進、若背下知之旨、不随召者、任法、可致至沙汰、於住宅等者ゝ可守先規ゝゝ之由依諸衆御評定ゝ所候也仍執達如件、

正応四年七月廿七日　荒川庄々官等御中

○輕（キヤウ）犯

文書番号:15917　和暦:（弘安9年カ）6月13日　西暦:1286

文書名：中原章綱請文　典拠：兼仲卿記弘安十年五月巻裏文書

【本文】

御如法経十種供養免者、囚事□被仰下之旨、謹承候了、章長沙汰□窃盗次郎男軽犯者候之間、免者之□、即以章長請文、申職事候之処、□横三郎男巳入　勅点、以彼次郎男□不被免候、然者、可被免次郎男候歟、彼□□五月著弦、以明年五月役畢、必可□免之著□、其以前恩免候之条、可宜歟、然□於可被免候者、同時著弦窃盗福力法師□〈職治沙汰〉是又軽外者候、其外当時軽犯之輩□歟、得此御意、可有洩御披露候、章綱誠□謹言、

六月十三日　左衛門少志章□

○實犯（シッ）

文書番号：8655　和暦：（弘長元年）6月3日　西暦：1261

文書名：少弐資能請文案　典拠：肥前武雄神社文書

【本文】

今年三月廿二日　関東御教書、同六月三日到来、写案献之、如状者、諸国盗賊事、山賊・海賊・夜討・強盗之類、守護地頭等、可致其沙汰之子細、被載式目了、而無沙汰之由、依有其聞、不可見隠・聞隠之旨、雖被召起請文於御家人等、猶以不断絶云々、殊可加徴粛也、此上猶悪党蜂起之由、有其聞、云守護、云地頭、可被改易其職之由、重所被定置也、早存此旨、可令相触肥前・筑前・豊前・対馬国中之由、所被仰下候也、然者、件山賊・海賊・夜討・強盗之類事、早守御教書状、殊加徴粛、且於見科実犯之輩者、召給其身、可処重科候、恐々謹言、

六月三日　少弐在判　武雄大宮司殿

○罪名（サイミヤウ）

文書番号:30103　和暦:嘉暦2年12月16日　西暦:1327

文書名：鎮西御教書　典拠：金剛三昧院文書

【本文】

筑前国粥田庄勝野郷先名主四郎義直事、号右大将家御教書、構謀書之由、被成関東御教書之間、為罪名沙汰、可召進之旨、先日被仰之処、不見在云々、随見合、可召進其身之由、可被相触筑前国中也、仍執進如件、

嘉暦二年十二月十六日　修理亮（花押）　筑後前司入道殿

○解官（ケクワン）

文書番号:5664　和暦:（仁治元年）後10月26日　西暦:1240

文書名：摂政（近衛兼経）御教書　典拠：平戸記仁治元年閏十月二十六日条

【本文】

朔旦旬御暦奏、准大治例、軽服人之舁御暦案之条、雖不可有苦、初以軽服者、被任暦博士事、若可為巨難歟、然者定昌朝臣子息定名、依父譲可被任権暦博士、而定名上臈済々、叙位之時、可有其煩、於其賞、父定昌朝臣可浴其恩歟、而当朔旦年、乍帯暦博士、下向関東不参洛、不従公事之条、殆依有罪科、父子浴恩之条、傍輩訴申歟、又定昌朝臣可被解其職之処、去年已奏此嘉端了、今当此時解官、又可為深愁歟、彼是参差、如何様可被行乎、可

被計申給之由、摂政殿御消息候也、仍執啓如件、
後十月廿六日亥刻　右大弁経光　謹上　民部卿殿

○停任（チヤウニン）
文書番号:4609　和暦:（天福２年）２月９日　西暦:1234
文書名:尊性法親王書状　典拠:山城真経寺所蔵法華経裏文書

【本文】
東南院々主職事、定親申状見給候了、所申最相叶理致候之上、定範之存知も有限事候歟、
有御計何事候乎、但当院主無指由緒、又非宿学、相伝与興隆共以雖欠、被停任此職者、如
法及頭陀歟、然者又御罪業之因縁にや可罷成候はむと覚候、随聖断已後、及数年候、付此
趣、得思慮大功候之間、両様申入存知之趣候、且又重可被仰合仁和寺宮候歟之由、可被披
露候、尊性敬言上、
二月九日　尊性上

○配流（ハイル）
文書番号:1635　和暦:建永元年９月１８日　西暦:1206
文書名:太政官符　典拠:三長記建永元年九月十八日条

【本文】
太政官符　式部省　応除名造東大寺長官参議正三位行左大弁兼勘解由長官備前　権守藤原
朝臣公定事

右、従二位行権中納言藤原朝臣資実宣、奉勅、件公定坐事配流佐渡国、仍除名如件者、省宜承知、依宣行之、符到奉行、右少弁正五位下藤原朝臣　修理東大寺大仏長官正五位下行兼主殿頭左大史但馬権介小槻宿祢
建永元年九月十八日

○禁獄（キンコク）

文書番号:3668　和暦:（嘉禄3年）10月2日　西暦:1227
文書名:六波羅下知状　典拠:大和春日神社文書

【本文】

（端裏書）「豊国八条両庄事　修理亮状」
両条豊国庄狼藉事依地頭訴申候、召決両方、可申子細、随状跡可有御成敗之由、自関東度々被仰遣候之間、言上殿下候之処、論人企参洛、可遂対決之由、雖被下長者宣、于今不参対、可被禁獄地頭之由、被触仰之条、存外次第候歟、衆議之趣、与地頭之訴、已以参差、不被糺明真偽、無左右被申行罪咎之条、関東定被驚思食候歟、理又不可然候哉、八条庄狼藉事地頭代訴申候之間、同依言上　殿下候、為糺決是非、以長者宣、被召良賢候之処、寺家御請文如此、仍案文進覧之候、子細不可違先条候也、豊国・八条共依為罪科輩跡、為関東御進止、被置地頭職候了、両地頭代、縦雖有其咎、可被経次第沙汰之処、猥被焼払住宅、追却其身之条、頗乱次之基候歟、以此旨可令披露給候、仍執達如件、
十月二日　修理権亮（花押）　掃部権助（花押）

○重罪

文書番号:30290　和暦:嘉暦3年6月20日　西暦:1328
文書名:尼善阿等連署寄進状　典拠:備前金山寺文書

【本文】

(端裏書)「□尼浄心後□許大夫法橋寄進状」寄進金山寺正月不断千手供料田事合壱段〈左弘西郷菅原拾弐坪、先寄進弘声田一具下地也、一宮興法講免地主得分四段内也、〉
右、地主得分田寄進元者、伝承、毎年正月七日夜行法者不冷座、大悲呪者不絶声音勤行云々、為無双殊勝之御勤之間、且為過去二親成仏得道、且為現在子孫息災増福、永代令寄進者也、而此下地者、為地主得分之間、無一塵之課役地也、向後末代、親他之中、自然致違乱煩者、可為不孝之重罪、仍為後日、寄進之状如件、
嘉暦三年戊辰六月廿日　沙弥尚西(花押)　法眼定昇(花押)

【分析】

罪過グループには、「罪過」「罪科」「重科」「犯過」「過怠」「所犯」「重犯」「輕犯」「實犯」「罪名」「解官」「停任」「配流」「禁獄」「重罪」の十五語が属している。その中で、「罪過」「罪科」「犯過」「過怠」「所犯」「重科」「實犯」は、「罪や過ちを犯す」の意味である。「重犯」「重罪」は「重い罪」の意味であるに対し、「軽犯」は「軽い罪」の意味になる。「罪名」は「犯した罪の具体的な名称」であるが、「解官」「停任」は「罪を犯した人の官職を免ずる」の意味である。「配流」は「罪人を地方や島に追い出す」の意味であるが、「禁獄」は「罪人を獄に収容する」の意味である。

このグループは、「罪や過ちを犯す」という裁判の場面に使用する語彙を収めている。具体的には、罪の程度だけではなく、罪人に与える処罰まで種々の場面の語彙が属してい

るのが特徴である。

第七項　委細グループ（第57グループ）

○委細（キサイ）

文書番号:11955　和暦:（建治元年）7月12日　西暦:1275

文書名:春日正預祐継書状　典拠:中臣祐賢記建治元年八月二日条

【本文】

守安狼藉間事、御見知事候之上者、今更不能委細候歟、所詮、各申訴訟之時者、雖為烈参、雖為御加暑、随申可有御同心之趣、両度御領状候き、仍深存其旨候処、即御変改之間、無其儀候歟、剰自寺家令預御尋給刻、御申状変々間、御成敗殆如無候歟、本自如此御所存候者、何可有御同心之由、再三可蒙仰候哉、万事以之被推察候、於向後者、有何曽諸事可奉同心候哉、永不可申承之由、当氏権官・氏人等評定候也、恐々謹言、

七月十二日　祐継

神主殿

○委曲（キキョク）

文書番号:6692　和暦:（寛元4年）5月6日　西暦:1246

文書名:済紹書状　典拠:春華秋月抄草十五裏文書

【本文】
其後依指事不候、久不申案内候之処、今仰恐悦候、抑安楽光院御八講僧名事、未落居事候也、今日定被仰下候歟、其時可注進候、去春見参之時、蒙仰候之間、不忘却、御参事、内々申入候也、東大寺一人尤可然候歟、旁令当其仁給候、委曲期面拝候、恐々謹言、
五月六日　威儀師済紹

○一二(イッシ)
文書番号:1221　和暦:(建仁元年)6月4日　西暦:1201
文書名:検非違使別当藤原信清書状　典拠:東大寺文書二

【本文】
(端裏書)「別当書状」
犯人助清給候了、折紙同給候了、真妙事被仰下之、即早可令致沙汰之由、仰官人明基朝臣了候也、祗候鳥羽殿之間、不能一二候、恐惶謹言、
六月四日　右衛門督(花押)

○分明(フンミヤウ)
文書番号:9562　和暦:(文永3年)8月29日　西暦:1266
文書名:善舜書状　典拠:摂津勝尾寺文書

【本文】
勝尾寺仏聖米事、重申状給候了、但訴陳雖不分明候、且善事候、以当庄器納、可致沙汰之

由、可加下知候也、以此旨、可令披露給候、恐々謹言、

八月廿九日　善舜

○委趣（クハシキオモムキ）

文書番号:4416　和暦:貞永元年12月15日　西暦:1232

文書名:宗清願文　典拠:本朝文集六十六

【本文】

今生之面会永空、他界之音問亦絶、何以休恋慕之思、何以知罪福之趣、只須憑大雄兮為使鳥、写華文兮代芳札者也、仍黒漆厨子、奉造立安置三寸八分阿弥陀如来像一礼、御身内奉納東寺仏舎利一粒、正面左扉図絵普賢菩薩像、同右扉図絵大菩薩御体、是皆以前供養早畢、委趣見彼願文、其後夢告惟新、色目聊有相違、双扉之右、改大菩薩御体兮図観世音、厨子之奥、左頑書帝釈梵字、右頑書炎魔天梵字、中奉移大菩薩御体兮並阿弥陀、事之次第誠以有謂、奉模写法華経内方便品・薬品喩品・提婆品・寿量品、奉書写般若心経一巻・悲華経第二・大方広円覚修多羅了義経一巻・華厳経第十六夜摩天宮菩薩偈説品一巻、加之、我有一面之鏡、已為三代之宝、幽霊若継弟子之跡者、此物可入幽霊之手歟今先于我、又伝于誰、為施三宝、所鋳一磬也、有桂月之輪、有蓮花之形、毎発造次磬声、宜照大円鏡智、又変三尺之□剣、造成于剃□鬚髪之器、施十口之雲衲、廻向于摧破業障之資、方今当窮陰之月、凝和南之霧、幽霊流転之業共流景而謝尽、幽霊花報之粧、光花春而開敷、法眼之旧名尚及□生、再得法眼浄之位、大神之冥助、何限今世、宜授大神通之相、先詣仏所、可励引導於慈父慈母万歳之後、若成仏道、可比教誡於浄蔵浄眼二子之子、心結後縁、再得相□、凡厥一切衆生、皆成仏道、敬白、

貞永元年十二月十五日

○羅縷(ラルウ)

文書番号:16331　和暦:弘安10年8月　日　西暦:1287

文書名:大隅台明寺衆徒中状　典拠:大隅台明寺文書

【本文】

(端裏書)「平山殿社務時、望料田申状案」　台明寺衆徒等謹言上

欲被殊且為敬神帰仏、且任行賢芳躅、寄進小料田、祈大御運子細事、

副進　行賢聖人当寺被寄進大念仏僧供田・二季彼岸仏聖灯油・日吉祭田・無尽米籾・温室等状案、

右、当寺者、献鳳笛之貢御、学鵝王之教法、然而依為無縁之厳崛、更無住侶之依絮、常変麋鹿之苑、為狐狸之居、爰行賢聖者、憐仏寺之荒廃、傷僧徒之退散、被寄進上件料田等状文分明也、不遑羅縷、自其以降、法灯鎮挑、僧徒継踵、抑当御代宿因内動、護威外呈、社務重国務、上如花、神恩交朝恩、門前為市、台明寺又公家武家之貢御祈所、行賢聖人帰依之砌也、然者、毎仰彼古跡之厳、盍望此新恩之忝、若所請有御許容、被寄進小料田者、斎代於先賢、留名於後世

【分析】

委細(キサイ)グループには「委細(キリイ)」「委曲(キキョク)」「一二(イツシ)」「分明(フンミヤウ)」「委趣(クハシキオモムキ)」「羅縷(ラルウ)」の六語が属している。

「一二(イツシ)」の意味が確定できないため、該当用例鎌倉遺文一二二一一号文書を分析してみる。

「検非違使別当、即ち現在の警察庁に当たる組織の長官に相当する職掌をつとめる人物が

書いた書状である。一通の主要な用件は、「犯人助清給候了、折紙同給候了」である。つまり、事件を起こした犯人（ぼんにん）である「助清」と、「折紙」即ち命令文書を、私の果たすべき責務として、確かにお受け致しました」という内容である。これに続く「真妙事」以下の文は、別件についての報告である。その根拠は、検非違使別当宣（鎌倉遺文一二二二・一二二四・一二二五号文書）・中原明基書状（鎌倉遺文一二二六号文書）・検非違使庁問注申詞記（鎌倉遺文一二二七号文書）等によれば、尼真妙の濫行狼藉の実質的下手人の張本人は、「末弘」なる人物である。ここから、「助清」を犯人とする事件とは、別件であることが確認できる。そして、別当藤原信清は、「即早可令致沙汰之由、仰官人明基朝臣了候也」とある如く、この真妙の狼藉事件を、部下である中原明基に命じて、すぐに取り調べるよう、手配した旨を記している。つまり、真妙の事件も、滞り無く進めていることを申上して、決して緩怠の無いことを報告している。書状の最後に、「祗候鳥羽殿之間、不能一二候」、つまり、ただ今、鳥羽の離宮に祗候しているため、詳しい事を御報告する余裕が無い、として、ごく簡単な報告となった理由を説明して、締めくくっている。

『消息詞』の「一(イツ)二(シ)」は、弘治二年本『節用集』、永禄二年本『節用集』、『伊京集』、天正十八年本『節用集』、易林本『節用集』、文明本『節用集』には「ツマビラカ」という語形で掲載されている。正宗文庫本『節用集』、饅頭屋本『節用集』、黒本本『節用集』、東京大学文学部国語研究室蔵『色葉字集』（仮題）、元亀二年京大本『運歩色葉集』、高橋本『色葉字』、北野天満宮蔵佚名古辞書『色葉集』（仮題）、陽明文庫蔵『諸雑聞書』言語類、妙本寺蔵永禄二年『いろは字』、有坂本『和名集』伊路波字、猪無野本『伊呂波集』（仮題）、広島大学本『和名集』伊呂波字（仮題）等の古辞書には掲載されていない。

なお、『音訓引き古文書字典』、『古文書用字用語大辞典』には掲載がなく、『古文書古記録語字典』には、「ツマビラカ」と掲載されているが、『古文書用語辞典』には「イチニ」「ツマビラカ」という両方が掲載されている。『古文書用語辞典』には「いちに　一二つまびらかにすること。物事を細かく分けていうこと。文書では、「不能一二（いちにあたらず）」の形で出ることが多い。つまびらかにすることができないの意となる。」とあり、また、『古文書用語大辞典』には「いちに　一二　つまびらかにすること。「一二之返答も無之」詳しい返答もなく。「不能一二」つまびらかにできない。「不及一二」詳しく記さない。手紙などに用いる。」とある。

以下に鎌倉遺文の該当用例を示す。

※文書番号:9283　和暦:（文永2年？）□月2日　西暦:1265

文書名:某書状　典拠:真福寺本倭名抄裏文書

【本文】

実久不申承候間、不審千万々、今報悦入候、青尤房にも、坂本庄定蓮も、当時まてハ、無別事候、随分御住山居なんと六々被思出候也、油一筒返々悦入候、明春御上洛候者、不具六十巻、少々も尋出、可令進也、只今ハ御返事尚惚篋、馳申上候間、不能一二候也、毎事期御上洛之時候、恐々謹言、

□月二日　　　　□□□

※文書番号:23522　和暦:（徳治3年？）正月23日　西暦:1308

文書名:長井貞秀書状　典拠:金沢文庫文書

【本文】

夜前閑談、直千金、余味木散心底、篋御帰之間、猶不尽心緒候、参金沢、可散遺恨候、尚夜前為悦無極候、一二難尽筆端、千万併期面謁、恐々謹言、

正月廿三日　貞秀　明忍御房（ウハ書）「（切封墨引）　明忍御房貞秀」

右の解釈によれば、「一二」は「イチニ」或いは「つまびらか」という二つの語形があり、良く書簡の末尾に「不能一二（イチニニアタワズ）」の形で「詳細に説明できない」の意味になる。『消息詞』に収められてある「一二」は「細かく詳しい」の意味と推測できる。

以上の分析を踏まえて、あらためて委細グループの所収語彙を見てみよう。当グループの「委細」「委曲」「一二」「分明」「委趣」「羅縷」の六語中で、「委細」「委曲」「一二」「委趣」「羅縷」の五語は「状態が細かい、或いは詳しい」の意味で、「一二」は、常に「不能一二」の語形で書簡の末尾におくという安定的な形を取るのに対して、「羅縷」は書簡中の位置は安定していないが「不遑羅縷」という語形を取るのが一般形である。このグループ中、「分明」は「状態が明白である」の意味で、他の語彙と比較してみると、意味合いが全然違うが、「分明」は書簡においては本来の意味が無くなり、「分かりやすく詳しい」の意味で用いられる場合が多いため、委細グループに収められるのも当然のことだと考える。

委細グループには、類義関係の「委細」「一二」「分明」「委趣」「羅縷」六語を収め、これらの語彙は書簡中で詳細な事情や経緯を説明し、十分に尽くすことができないことを述べる場面において使用される語彙である。

第八項　慶賀グループ（第59グループ）

○慶賀（ケイカ）
文書番号:5386　和暦:（延応元年）正月21日　西暦:1239
文書名:助直書状　典拠:金沢文庫所蔵天台四教義裏文書

【本文】
新春御慶賀之事、申篭候了、抑一昨十九日下着仕て候也、如此蒙仰事、悦存候、兼又二筒一古拝領仕候了、恩下之至、難尽短筆候、毎事期参拝之時、恐々謹言、
「延応元」正月廿一日　助直（花押）

○大慶（タイケイ）
文書番号:16457　和暦:（弘安11年）正月2日　西暦:1288
文書名:西園寺公衡請文　典拠:公衡公記弘安十一年正月二日条

【本文】
被仰下候之旨、跪地奉候了、公私之大慶、臣民之悦予、可在此春候乎、千万之祝言、難述禿筆候、参仕之間、且以此旨、可令披露給、公衡誠恐頓首謹言上、
正月二日　皇后宮権大夫藤原公衡上　進上　権大納言殿

○參賀（サンカ）
文書番号:31217　和暦:（元徳2年?）正月16日　西暦:1330
文書名:心日書状　典拠:金沢文庫文書

【本文】

今春必参賀之志、雖不浅候、不一方之指合、恐恨与無念相兼候之処、重恩問弥為悦候、剰殊勝之御茶二裹伝給候、真実々々不知所奉謝候、毎事期面拝、恐々謹言、

正月十六日　心日（花押）

○賀申（カシマウス）

文書番号:7592　和暦:（建長5年）7月15日　西暦:1253

文書名:良覚書状案　典拠:高野山文書続宝簡集七十四

【本文】

大師御伝持三鈷被安置当山候事、寺之繁興不可不喜候、相当吾君御寺務之御時、更複大師四百年之在昔之由、衆僧皆以靡然、都鄙定令謳歌候歟、尤賀申上候者也、此条満山一同随喜之由、先日雖申送本願上人許候、重差進弘印入寺候、遂対面可賀申之旨、申含候了、条々事等、弘印可申上候、可被尋聞召候、以此旨可有御披露候、良覚恐惶謹言、

七月十五日　検校法橋良覚　進上　別当法印御房

○被賀仰（ラルカシオホセ）

文書番号:29331　和暦:（正中3年?）2月晦日　西暦:1326

文書名:金沢貞顕書状　典拠:金沢文庫文書

【本文】

陸奥左馬助妻室之腹、一昨日始男子出生之間、彼家中喜悦之外、無他事之由承候、可被賀

仰事、篋可有御計候、恐惶謹言、
二月晦日　貞顕　方丈進之候、

○賀札（カサツ）

文書番号:7664　和暦:（建長5年？）　西暦:1253

文書名:宗性書状　典拠:東大寺所蔵建長五年新四季講勘文抄十裏文書

【本文】

指事不候之間、自是乍思、不申候之処、今仰殊恐悦候、大安寺執務事、朝恩之至、不知所謝候、故預御賀札、殊添面目候也、

○拝賀（ハイカ）

文書番号:51897　和暦:（延慶3年カ）　8月28日　西暦:1310

文書名:北野天満宮寺公文所泰禅書状案　典拠:山城北野社紅梅殿記上

【本文】

進職事中宮大進頼定状案昨日可有御拝賀之由承候き、無子細御遂行候哉、抑紅梅殿在地人等狼藉事、重々如件申入候、篋可有御奏聞候、院宣所持之宮仕等打擲及傷之重科、争可遁候哉、任実正具御奏聞候者、偏可為御敬神候、得此御意、可有御披露候、恐々謹言、
八月廿八日　法印泰禅　謹上　藤左衛門尉殿

【分析】

慶賀グループには、「慶賀」「大慶」「参賀」「賀申」「被レ賀仰」「賀札」「拝賀」の七語が属している。その中で、「慶賀」「大慶」「参賀」「賀申」「被レ賀仰」の六語は、「喜びや賀意を申し上げる」の意味で用いられるが、「賀札」のみが「賀意を表す手紙或いは新年をお祝いして出す手紙」の意味である。「参賀」は、「参上して、喜びを申し上げる」の意味で、「慶賀」「拝賀」は、「喜びや賀意を表す」の意味以外に「叙位する時に、天皇や上位者、もしくは神霊に感謝の気持ちを伝える」という使い方もある。

「被レ賀仰」は、管見の辞書に適切な解釈がないため、鎌倉遺文二九三三一号文書を読んでみる。「一昨日、陸奥左馬助の一家に初めて、男の子が生まれて、家族が嬉しい気分に包まれている。特に伝えることも無いが、男の子が生まれたという目出度いことを伝える為に書状を出した」という内容である。「被賀仰」は『消息詞』で「カシオホセラル」の傍訓がつき、目出度い事や祝賀の旨の書状に用いられる語句であり、弘治二年本『節用集』、永禄二年本『節用集』、正宗文庫本『節用集』、天正十八年本『節用集』、饅頭屋本『節用集』、易林本『節用集』、黒本本『節用集』、『伊京集』、文明本『節用集』『色葉字類抄』東京大学文学部国語研究室蔵『伊呂波集』（仮題）、元亀二年京大本『運歩色葉集』、高橋本『色葉字』、北野天満宮蔵佚名古辞書『色葉集』（仮題）、陽明文庫蔵『諸雑聞書』言語類、妙本寺蔵永禄二年『いろは字』、有坂本『和名集』伊路波字、猪無野本『伊呂波集』（仮題）、広島大学本『和名集』（仮題）伊呂波字、国立国会図書館蔵『色葉字尽』等等の古辞書には掲載されていないので、『消息詞』の特有語句であることが分かる。

そして、『音訓引き古文書字典』、『古文書古記録語字典』、『古文書用字用語大辞典』『古文書用語大辞典』『古文書用語辞典』にも収録されていない。

「喜びや賀意を申し上げる」というのが、慶賀グループの所属語彙の共通意味であるが、当グループには、「喜びや賀意を申し上げる」の場面に使用する動詞や名詞、フレーズも抄録している。

第九項　引汲グループ（第60グループ）

○引汲

文書番号:30031　和暦:嘉暦2年10月2日　西暦:1327
文書名:伊賀黒田荘悪党刈治沙汰人等連署起請文　典拠:東大寺文書四ノ四

【本文】

記録　黒田庄悪党対治沙汰人衆□□

右、当庄悪党等違背本所、抑留年貢□□□□□超于常篇、依之、為令対治彼等、武家之沙汰已雖送年序、于今不落居之間、寺門之有無、庄家之安否、併可依今度之沙汰歟、然間、為満寺一揆之所存、連々唱衆会、雖有其沙汰、只有会合之煩、都□□□□□之実、仍為有厳密之評定、差定沙汰人了、此条、悪党引汲之仁、寺辺有其類歟之由、兼日之風聞非一、聊有漏聞者、或為凶害、或令遺恨歟、云沙汰之障礙、云衆議之憚、何事如之哉、不可不禁矣、所詮、沙汰人評定之趣、縦為御寺務并余方門主雖及于御尋、固守起請、不可令披露、況於余人乎、都不可有口外、雖為密事、雖非密事、一事以上不可有漏達、此条、若於虚言者、可罷

○引導（キンタウ）

文書番号:14625　和暦:弘安5年5月25日　西暦:1282

文書名：覚真田地寄進状　典拠：摂津勝尾寺文書

【本文】

（端裏書）「勝尾寺薬師堂」奉寄進勝尾寺薬師堂御灯油料田事合大　天王寺領、本所当八斗、加地子升定、

右、彼田者、阿闍梨覚真相伝領田也、而覚真一期運命尽、既臨獲麟之間、非薬師如来御利生者、難助今度命、仍且為相延今度寿命、且為預八喜引導、所奉寄進薬師如来御灯料田也、雖寄進軽微、志願莫大也、必開薬嚢、授法薬給、阿闍梨覚真敬白、

弘安五年五月廿五日　阿闍梨覚真（花押）

○扶持（フチ）

文書番号：2372　和暦：（建保6年）5月4日　西暦：1218

文書名：源実朝書状　典拠：予陽河野家譜

【本文】

道後管領之事、御本領之上者、不及子細候、故殿之御時、無為差恩賞候、返々無念候、当国守護職并欠所等、雖望申輩候、是非可申斗候也、兼又八郎殿給候御志、難申尽候、朝夕随遂、心安候、今年可差随兵之由、自谷殿仰候、出仕等候事、可加扶持候上者、不義候事、不可有之、宜為御斗候歟、恐々謹言、

五月四日　左衛門中将

河野四郎殿

○加レ詞（クハウ　コトハヲ）

文書番号:7600　和暦:（建長5年）7月24日　西暦:1253
文書名：湛空請文案　典拠：高野山文書続宝簡集七十四

【本文】

大師御三鈷事、今故被仰下候之趣、併大師御伝言候之由、深奉仰候、不覚涙満老眼候、実二十二年奉預候、既本山之御帰住、如仰下候、凡廬都迷惑仕候、慈尊下生初、会衆必定堅胸底候事、弥蒙御証誠候了、恭余于老体候之由、加詞可令申入御候、湛空恐惶頓首敬白、

七月廿四日　沙門湛空請文

○加辱（加脣吻と同じなので省略する）

○推擧

文書番号:17367　和暦:（正応3年6月14日）　西暦:1290
文書名：東寺供僧申状追而案　典拠：東寺百合文書と

【本文】

（端裏書）「南都使者事也、平野殿事菩提院状案南都使事也正応三年六月十四日進（端裏切封墨引）

逐申、於雑掌者、可被用供僧推挙之仁候之由、頻令申候者、只為如此事候、又大湯屋之湯并百種等、無沙汰候、有限之雑掌役、無存知候歟、又何様候哉、同不審申候也、兼又、末武名文書被召置候了、連年雖令尋申候、于今、不返預候、如此経年序候者、自然散在事候歟、尤本所可納置之文書候、相構可被申出之由、沙汰候、可有御意得候哉、

○吹嘘（スイキョ）

文書番号:8941　和暦:弘長3年3月17日　西暦:1263

文書名:信濃善光寺不断念仏結番注文　典拠:吾妻鏡弘長三年三月十七日条

【本文】

善光寺金堂不断念仏衆結番事

合〈次第不同〉

出雲公尊海　浄仏房良祐

少輔公幸源　法蔵房円西

唯観房唯観　観法房栄俊

式忍房幸証　尊明房琳尊

讃岐公俊昌　豊後公幸源

美濃公尊覚　検校俊然

右、守結番之旨、可令勤行、彼不断念仏用途者、水田陸町、在当国水内郡凍田郷内、是則不断念仏衆免田也、然校量彼免田於十二、分充人別五段於十二人畢、敢勿違失矣、次或譲所職、或有欠分之時、設有譲得之証文、有競望之仁、宜依衆儀補器量、不可任相伝、不可憚有縁、是故吹嘘之初、撰定其器、補職之後、不怠其儀、但器量者、不論有智高才、賞不退精勤矣、次守過去帳、　每彼忌日役、可奉勤行一時念仏三昧、仍諸衆守此等之趣、専調誠心、不可懈怠之状如件

○加脣吻

文書番号:22675　和暦:(嘉元4年)7月7日　西暦:1306

文書名:公性書状　典拠:東大寺具書

【本文】

来廿一日御遷宮、七僧法会参勤事、就所労申故障之処、依無被免□、未蒙勅免□、不便之次第候、数日病悩之体、被検知之日、更不可有其隠候上、縦又雖扶持候、自門他門之□数十人之下臈、超□敍法印候了、其中賢助・相勤・有助等、殊為当寺之等輩、後進之仁、専今度参懃心之中候哉、公性於三千群集之座籍、乱□□鴈行之前後、為当年之上首、然数輩之末席候之条、□□招嘲哢於当時、猶可然瑕瑾於後□候歟、衆中争無御哀察候□、只為寺為流而申之、為一身而不申之、此等之愁吟不休之、更□難参勤候、於一□日之法会者、供奉雖似有候、顧万代之恥辱、頗忌後勘候、□□枉蒙衆免候之様、可被加唇吻候、但此上猶可及御沙汰者、法会以前有御吹挙、被敍法印候者、誠加療養、可令参勤候、以此等之趣、衆中被□然之様、可有御披露候哉、恐々謹言、

七月七日　権大僧都公性

年預五師御房

○合力（カウリヨク）

文書番号:20744　和暦:正安3年3月27日　西暦:1301

文書名:鎮西御教書　典拠:島津家文書

【本文】

豊後国津々浦々船事、為被鎮海賊、不論大小、随船見在、輙難削失之様、彫付在所并船主交名於彼船、来月中可被注申員数、且有海賊之聞者、守護・地頭・沙汰人等、構早船、不廻時剋、可令追懸、然者、乗人者縦赴陸地、雖令迯脱、至船者、令棄置之時、船主之所行歟、他人之借用歟、尋明之者、可露

顕之故也、又追懸之時、乍知及不合力之輩者、可被注進交名、仍執達如件、

正安三年三月廿七日　前上総介（花押）下野彦三郎左衛門殿

【分析】

引汲グループには「引汲」「引導」「扶持」「加レ詞」「加辱」「推擧」「吹嘘」「加脣吻」「合力」の九語が属している。その中で「加脣吻」は、管見の辞書に解釈が載せてないため、鎌倉遺文二二六七五号文書を検討してみた。権大僧都公性が、年預五師に宛てて書いた書状である。東大寺においては、東大寺の衆徒全体の中から代表者五人が選ばれて「五師」と呼ばれ、その五人の中から、毎年一人が「年預五師」に就任して、寺の経営や僧衆の統制を行った。このように、年預五師は、大寺院である東大寺全体において、最も重要な位置を占める職である。一通の内容は、以下の通りである。「まず、来たる七月二十一日に予定されている、東大寺八幡宮の遷宮に当たって催される七僧法会のお勤めの事に就いて述べる。「七僧法会」の「七僧」は、講師・読師・呪願師・三礼師・唄師・散華師・堂達等、法会において重要な役をつとめる七人の僧を総称して言う。公性は、その法会におけるお勤めの義務があるが、欠勤を願い出ている。病気のため差し支えがあると申し出たところ、免除された前例が無いということで、まだ勅命によるお許しをいただいていないことは、困ったことである。数日来病気であることは、傍目にも明らかであり、仮に他僧の援助を得たとしても、実は、病気による事由以外の不都合もある。華厳宗やその他の宗派の、私より、僧としての修行年数の浅い者が、数十人、私を飛び越して法印に叙せられている。そのうち、賢助・相勤・有助等は、特に、東大寺の同輩・後輩の人達であり、今度の法会のお勤めの役の中に含まれている。東大寺三千の僧侶の序列において、年功序列が乱れ、公性が、当年の最上位者として、人々の末席に着くことは、法会の当座におい

て、嘲弄を招くのみならず、後代に恥辱を残すことになろう。東大寺の衆徒も、きっと憐れんでくださるであろう。以上の事は、自分一身のために申すのではなく、寺のため、華厳宗のために申し上げるのである。このような愁いにより心が安まらないため、病気となり、お勤めが困難になった。その日一日当座で勤めることは可能だが、万代の恥辱を顧み、後日のとがめを恐れるものである。まげてお許しくださるよう、あなた様からお口添えいただきたい。但し、このような事情をふまえた上で、やはり御命令が下されるならば、法会以前に御推薦くださって、法印に叙せられるならば、加療に専念し、お勤めに参上する所存である。以上の趣旨を、東大寺の僧衆に、しかるべくお知らせいただきたい。」年預五師宛の公性の書状は、以上のような内容である。猶、嘉元四年七月十七日付の公性請文（東大寺具書、鎌倉遺文二二六七七号文書）に「来廿一日八幡宮遷宮被延引候之事、奉了、早可令存其旨之状如件、／七月十七日　権大僧都公性／上々／転叙事、早々御吹挙□□、殊為□□候、但先度如令申、此事勅許可為難儀候、参勤事雖何度候、可申入子細候也、内々可得御意候哉」とあり、八幡宮遷宮の法会は、延期されたことが知られる。右の二二六七五号文書の書状において、「加脣吻」（しんぷんをくはふ）は、口添えする意で用いられている。『消息詞』で、「加脣吻」は、「引汲」グループに属しており、応援する・支持する・加勢する等の意味を表す語彙の一つであることが確認できる。『日本国語大辞典』の「しんぷん【唇吻・脣吻】」の項目は、「くちさき。くちばし。口吻。」という意味記述しか見られない。しかし、同辞書で挙げられている用例は、全て「発言」の意味であり、語釈に先立つ用例の検討が不十分であったと考えられる。そして、弘治二年本『節用集』、永禄二年本『節用集』、正宗文庫本『節用集』、天正十八年本『節用集』、饅頭屋本『節用集』、易林本『節用集』、黒本本『節用集』、『伊京集』、文明本『節用集』『色葉字類抄』、東京大学文学部国語研究室蔵『伊呂波集』（仮題）、元亀二年京大本『運歩色葉集』、高橋本『色葉字』、北野天満宮蔵佚名古辞書『色葉集』（仮題）、陽明文庫蔵『諸雑聞書』言語類、妙本寺蔵永禄二年『いろは字』、有坂本『和名集』伊路波字、猪無野本『伊呂波集』（仮題）、広島大学本『和名集』（仮題）伊呂波字、国立国会図書館蔵『色葉字尽』等等の古辞書には掲載されていないので、「加脣吻」は『消息詞』の特有語句であることが言える。

なお、『音訓引き古文書字典』『古文書古記録語字典』『古文書用字用語大辞典』『古文書用語大辞典』『古文書用語辞典』にも収録されてない。

引汲グループにおいて、「引汲」「扶持（フチ）」「合力（カウリヨク）」は、「相手に力を貸す・援助する」という意味があり、「加（クハウ）レ詞（コトハヲ）」「加辱」「推擧（スイキヨ）」「吹嘘（スイキヨ）」「加脣吻」は「相手をある地位に就くように推薦する、或いは助言する」という意味を持っている。このグループは「相手がある地位に就くように応援したり、推薦したりする」場面において使用する語彙を集めたグループであることが分かる。

第十項　可令相計給グループ（第62グループ）

○可（ヘシ）四令（シメ）二相計一給三

文書番号:14817　和暦:（弘安6年？）9月12日　西暦:1283

文書名：照蓮書状　典拠：興福寺維摩会料不足米并餅等定案裏文書

【本文】

十四会米事、其後又四五十貫到来候、聞伝て替銭ニ可取之由、□人々々候、但先々ニこりはてゝ候、又夜々怖畏候之由、歎申候哉、其謂候、明日なと御下向候ハヽ、即可持下之由、可下知候、今一両日も延引候ハ、慥御留守に請之、彼請取□御辺候ハ、可被成返抄候歟、人々の返答もむつかしく候、又とく手をはなちたく候間、申候、能様可令相計給候、恐々謹言、

九月十二日　照蓮

○相構（アヒカマヘテ）

文書番号:30019　和暦:（嘉暦2年？）　西暦:1327
文書名:益性法親王書状　典拠:金沢文庫文書

【本文】

教厳伝法事、於其堺令授給候歟由、恩給候処、無其儀候歟、其仁未存知候、二品親王も可申談候、委細承候趣、誠無等閑候、禅円法印定計申候歟、京都には口多候之間、不似鎌倉辺、如法事一大事候、然而老後御所望なと承候へ、相構可計沙汰候、

○廻（メクラス）ニ計略（ケイリヤクヲ）一

文書番号:1192　和暦:（建仁元年カ）4月9日　西暦:1201
文書名:源通親消息　典拠:大和春日神社文書

【本文】

以此状可令折中、一寺之感応不空候歟、三面僧房御塔事、廻計略、所申沙汰候也、北円堂者不日可造営之由、被仰下、可被付備後国了、其上寺家可催驚候歟、当寺之興隆、此時得其状候歟、御祈事、以衆徒御使申状、殊申入候了、非賀臨幸、希代之次第、剰抽懇祈合力

之精誠、叡感不少候、余興不尽之由、所被仰出也、私祈事、以一寺之感言、為二世之面目之処、別祈願、殊恐悦候、雖有異姓之名、尋祖跡者、争無渇仰候哉、隠徳之至、外蒙神助、内浴仏徳、付公私顧冥顕、旁不可存疎略、以此趣可令伝給之状如件、

四月九日　内大臣（花押）

○祕計（ヒケイ）

文書番号:18423　和暦:（永仁元年？）3月5日　西暦:1293

文書名:定厳書状　典拠:東寺百合文書

【本文】

（端裏封ウハ書）「五郎左衛尉殿定厳」

依無指事、申不承、自然懈怠候也、抑東寺領伊与国弓削嶋年貢運上船、於淀津被押止之由、雑掌歎申、何様子細候哉、此事被免除之様、可有申御沙汰候、且故壬生殿御時、彼津沙汰人不被知子細歟之間、一旦雖被押止、為当寺厳重御祈料物之由、即奉属御辺、就令申候、被免除候了、定御覚悟候覧、今又当沙汰人如此被押止候、一切非世間売買物候、□□、然者、可然之様、可有御秘計候、且仏納不便事候、心閑之時、以見参可申承候、謹言、

三月五日　定厳

○祕術（ヒジュツ）

文書番号:29092　和暦:正中2年4月21日　西暦:1325

文書名:尊忍田地寄進状　典拠:高野山文書宝簡集十三

【本文】
（端裏書）「潅頂院寄進状」奉寄進　高野山潅頂院両界祖師供灯料所事合水弐佰四十歩者
〈在高野山御領参ケ庄内真国、字野間、定田弐斛伍斗、〉
右、当伽藍者、長和親王厳重之御願、蜜教恵命相続之仏閣也、就中、二季之結縁潅頂者、
貴賤道俗頓悟之秘術、八祖之御忌勤行者、真言弘通報酬之梵席也云々、爰過去亡〈弟能〉
慶澄心於三蜜上乗之法水、懸望於八葉中台之覚蘂、然間、深仰高祖之遺法、而攀南山之霊
場、忝信大師之聖跡、而詣当寺之勝地、参篭亙両三年、巡礼及一千日、加之、屡卜居於八
葉開敷之蓮岳、可終命於三地結界之蘿崛之旨、雖有存念之企、被牽不盧之縁、空交躙閙之
地、終赴冥路之境、然而、果多年仰信之素懐、任頃日顧念之丹款、速送料物於当山、可致
興隆於此寺之旨、運匪石令遺言矣、仍買得田地、相折土貢、備八祖御忌之供灯、
荘両界曼荼之密壇、是則二地薩藉倍増法楽之精料、四恩法界離苦得楽之白善、亡魂証果之
恵業、聖跡崇重之本望、何事過之哉、仍尽未来際、為無失墜、相副券契等、寄進之状
　正中弐年乙丑卯月廿一日　阿波国切幡寺院主法眼尊忍

○治方

文書番号:23380　和暦:徳治3年閏8月　日　西暦:1308
文書名：東大寺法華堂禅徒等申状　典拠：内閣文庫蔵雑古文書

【本文】
（端裏書）「法花堂申状」
法花堂禅徒等謹申欲早被河上庄内当堂領於仏聖灯油等料所者、雖非自余傍例、事寄異他上
者、負所三斗米蒙其御免矣、而以大仏・八幡・二月堂等准儀、当堂同可預彼潤色由、先立

触申于衆中処、敢無傍例、都不可然旨、預御返答間、重具為申開事子細、捧一通款状、而
尚御許容及遅遅者、速堂舎閉枢、永停止寺役間事、
右、当堂者、往古依為無縁無怙之道場、欠仏供灯明之資縁、天性依無堂領・堂免之料所、
空年始修練之勤行、然間禅徒、或合力各各之種子、而買取段歩之田地、如形配夜灯・日供
之備進、或勧進所縁之貴賎、而自儲散在之料所、寐弱擬修正二月之要路、此少所領等者、
伊賀・河上已下也、而再発河上庄、被収公三斗米之以来、鎮仏聖灯明之供養欠怠、動恒例
臨時之勤行退転之間、自最前再発之初、雖可訴申件子細、方方頗企無理之濫訴、面面可伺
自由之故障、然間、暫存御寺之故実、先閣心中之鶴望、展廻仟仟之計略、備連日之供具、
纔求様様之方便、渉累年薫修之処、或酬年来之失墜、而私方術尽、或依近年之重役、而治
方道極之間、今顕宿望、正捧款札、夫当堂者、皇帝叡願之殿、当寺最初之伽藍也、良弁練
行之砌、花厳一宗之本所也、所案之霊像者、天王良弁之自作、自然涌出之神形也、所修之
行法者、天下安全之祈祷、寺門静謐之勤行也、然則、治承回禄之古、南都変滅之刻、自他
門悉雖登無為寂静之霞、当堂独峙耀常住不滅之光、恐者当寺之興福、須依此堂之繁営者也、
是以諸会之重色、於此地大略雖被始行、近代少少
被移講堂等歟、寔有故、非無由、尤有心之仁、誰不致仰信乎、就中、以当庄之乃貢者、或
被備大仏・八幡之御供灯油、於収公之地利者、或被免二月堂并般若寺等云々、而以此等之
准儀、先触申子細之処、都無傍例、敢不可然之由、預御返答之条、一堂之愁欝、焉谷厳、
以当堂之起因、比大仏・二月等、未可甲乙之是非、何可糺勝劣之真偽、縦雖無自余之傍例、
尤為当寺最頂之伽藍、専以一分之御潤色、盍蒙許容之優免哉、加之、所申請之料物者、専
輙少分之土貢也、以之量度広大円満之御寺、啻迷盧之一塵、巨海之一限孔也、雖然、私用
狭少、閑散之当堂、偏万事之要路、諸方之助縁也、弥有潤色之賢察、敢不可及思惟之御沙
汰者也、将亦皆以諸人之施入也、須違檀那之素意、爰尋傍例於余所、於規模之仏神、被免
田畠者、諸庄諸郷之儀也、又考古風於他門、於根本之霊場、被致優賞者、本寺本山之法也、

云彼、云是、道理非一、尤於当堂領之三斗米者、永代蒙御優免、禅侶欲達愁鬱、而尚有棄置之御沙汰、入眼及遅遅者、速仏閣閉樞、抑留寺投之旨、仍粗言上如件、

徳治参年潤八月　日　法花堂禅徒等

○治術（チシュツ）

文書番号:23009　和暦:（徳治2年）7月14日　西暦:1307

文書名:相助書状　典拠:東大寺文書四ノ九十二

【本文】

東大寺衆勘事、及累年候、殊歎存候、凡如此出仕依所労申入子細候之条、緇素之通例候、然而猶被責仰下候之間、可進代官之由申入候き、又不御事欠之由、奉行依申候、俄罷留候了、付彼是非、自由之対捍候、随又　勅願無違乱被遂行候之上者、全無罪科候、寺家強不可及此沙汰候歟、重科猶以送年月之時、蒙免許候、況無誤而及両年候、不便事候、所詮、雖向後、東大寺事、不可存疎略候、如当寺者、失治術候了、如何可仕候哉、可然之様、可令披露給候、謹言

徳治二七月十四日　相助

伊豆守殿

○方便（ハウヘン）

文書番号:7886　和暦:建長7年8月5日　西暦:1255

文書名:大和唐招提寺牒状　典拠:大和春日神社文書

【本文】

招提寺謹触申欲蒙貴寺御許、暫奉渡御舎利於御寺近辺、勧貴賎智□□修造堂塔僧院破壊状、
右、謹検旧記、当寺者、戒律之濫觴、舎利之霊砌也、道俗誰聊爾□、而草創年旧而仏閣甍傾、扶持人絶而僧院荒蕪、中比海住山上人聊雖被加修治、其又季移而破壊如元、朝夕見之眼晩、寤寐思之□□、以何方便修営、以何計略支之、抑当時御舎利者、惣朝家之福田、別南都之重宝、不可輙移転、雖可啻寺而勧進、且有参詣之煩、且無供養□儔歟、就中、当世勧進充満国土、虚実難弁、然者、近奉渡御舎利於貴寺之辺、勧有縁知識令供養、若有其施物者、以彼為用途、欲遂修造之大功、若蒙御寺之許容者、寺門所望尤可足矣、仍恐恐触申之状如件、

建長七年八月五日　　招提寺

【分析】

「可令相計給」グループには、「可令相計給」「相構」「廻計略」「祕計」「祕術」「治方」「治術」「方便」の八語が属している。その中で「可令相計給」は、『日本国語大辞典』第二版及び管見の範囲の古辞書にも掲載がないため、鎌倉遺文一四八一七号文書を分析してみる。前号文書が関連文書である。興福寺維摩会料不足米并餅等定案裏文書、某書状（一四八一六号）「当年長講会米未□（進カ）内、且三千余疋運送□（候カ）由、荘官参申候、即□（送カ）進之候、納所琳賢無□（相カ）違候哉、随御下知可□（令カ）進済之由、仰含候也、所□（詮カ）、悤可究済之由、殊尋沙汰□（候カ）、恐々謹言」とあり、興福寺で年一回、法華経の講説を行う長講会（ちょうごうえ）のために、興福寺の荘園から、年貢未進分を完納させる命令が下されたことが知られる。それに伴い、納所への年貢の運搬・納入の仕事に関わる、様々な立場からの文書・書状の遺り取りが行われている。問題の一四八一七号文書は、弘安六年（一二八三）頃の九月十二日に、興福寺の僧、

照蓮が、荘官等の荘園関係者に宛てて書き送った書状である。一通の内容は、以下の通りである。「長講会の年貢の件ですが、その後また、銭四、五十貫文が到着しました。その事を聞き伝えて、興福寺の人々が、為替にしてよこして欲しい旨、申しております。これは偏に、以前、現金を輸送されたことに、ひどく懲りたのでしょう。また、毎晩、強盗等の恐れがあることを嘆いております。それなりの理由があるのでございます。もし、明日あたり、荘園に行かれるのでしたら、その時、銭を持って下山するよう、御命令いただきたいと存じます。もう一日、二日、延びるのでしたら、確かに、御不在中に受け取ることになります。留守居が受け取り、あなた様に進上する際は、受納証明書を頂戴したいと存じます。興福寺の人々の返事も、煩わしく面倒でございます。また、銭を早く手放したいと存じますので、このように申し上げる次第です。良きように御取り計らいくださるようお願い致します。」右の書状は、照蓮が、長講会に充てる年貢を、興福寺の荘園から、為替で送付してもらいたい旨を、荘園関係者に依頼した書状である。『消息詞』において、「可四令二相計一給三」は、「令」に「シメ」、「可」に「ヘシ」の傍訓が施されており、「あひはからはしめたまふべし」と読む。同グループの語彙には、「相構（アヒカマヘテ）　廻二計略一（ケイリヤクヲメクラス）　秘計（ヒケイ）　秘術（ヒシユツ）　治方（チハウ）　治術（チシユツ）　方便（ハウヘン）」などがある。適切な事態を実現させるよう、何らかの手だてを講じて、内々にうまく取りなしたり、取り計らったりする行為を表す語彙である。「可（ヘシ）四令（シメ）二相計一給三」は、弘治二年本『節用集』、永禄二年本『節用集』、正宗文庫本『節用集』、天正十八年本『節用集』、饅頭屋本『節用集』、易林本『節用集』、黒本本『節用集』、『伊京集』、文明本『節用集』『色葉字類抄』東京大学文学部国語研究室蔵『伊呂波集』（仮題）、元亀二年京大本『運歩色葉集』、高橋本『色葉字』、北野天満宮蔵佚名古辞書『色葉集』（仮題）、陽明文庫蔵『諸雑聞書』言語類、妙本寺蔵永禄二年『いろは字』、有坂本『和名集』伊路波字、猪無野本『伊呂波集』（仮題）、広島大学本『和名集』（仮題）伊呂波字、国立国会図書館蔵『色葉字尽』等等の古辞書には掲載されていない。『消息詞』の特有語句であることが分かる。

『音訓引き古文書字典』、『古文書古記録語字典』、『古文書用字用語大辞典』『古文書用語大辞典』『古文書用語辞典』にも収録されていない。

当グループの「可(ヘシ)令(シメ)相計給」「廻(メクラス)計略(ケイリヤクヲ)」は「方法を考える」の意味であり、「祕計(ヒケイ)」「祕術(ヒシユツ)」は「密かに考える方法」の意味で、「治方(チハウ)」「治術(チシユツ)」は「国を治める方法」の意味である。そして、「方便(ハウヘン)」は「目標を達するため、方法を考える」の意味になり、「相構(アヒカマヘテ)」は「方法などを考える時、精神力を集中すること」という意味である。当グループは、「密かに方法を考える」或いは「国を治める方法」及び「方法を考える際、人の状態」など「方法を考える」という意味に纏わる語彙を収めている。

第十一項　可令奏達給グループ（第64グループ）

〇可(ヘシ)令(シメ)奏達(ソウタツセ)給(タマフ)

文書番号:4638　和暦:(天福2年カ)3月23日　西暦:1234

文書名:尊性法親王書状　典拠:山城真経寺所蔵法華経裏文書

【本文】

承澄申状進入候、委細経　叡覧、簾可被仰定候、前関白能々被得其意候也、今日為両会登山、明後日可下京候、念仏事、其後無申旨候、然而身阿弥陀仏被追却雍州之内　院宣ハ可

被下候なと覚候、彼入道為根本方悪行、謳哥於世上候、委く参入候上、可申入候之由、可令奏達給、尊性敬言上、

三月廿三日　尊性上　進上　右大将殿

○洩達（モラシタツ）

文書番号:152　和暦:（文治2年）8月5日　西暦:1186

文書名:源頼朝書状　典拠:吾妻鏡文治二年八月三日条

【本文】

六月一日御教書、七月廿八日到来、謹以令拝見候訖、新日吉社御領武蔵国河肥庄事、本自為請所、令進御年貢候之所也、而去年領家令逝去之由依承候、不知可進年貢之所候、仍令相待領家候之間、彼年自然罷過候了、地頭恣非抑留之儀候歟、而今前領家孫以禅師君、可為領家候者、早令存知其旨、可令沙汰進年貢候之由、可令下知地頭候也、且社役為先、自今年無懈怠可令沙汰之由、可令下知候、同御領長門国向津奥庄地頭、謀反人豊西郡司弘元之所帯ニ候、仍以景国令補地頭候之処、致種々悪行候之条、事実候者、不能申左右、早企参洛、且令陳申子細、且可仰　天裁、兼停止濫行、可随社家使進止之由、所令下知候也、件状一通謹以進上之候、以此旨、便宜時可令洩達給候、頼朝恐惶謹言、

八月五日　頼朝

○上達（シャウタツ）

文書番号:4484　和暦:（天福元年?）2月11日　西暦:1233

文書名:尊性法親王書状　典拠:山城真経寺所蔵法華経裏文書

【本文】

法勝寺三綱間事、猶難義等候乎、於寺主之剰欠者、頗先規不快候之上、当寺三綱無下如此罷成候者、輙爾以任始行次第、令転任都維那等、被置加任事ハ、大閤頻被挙申入義者、何事候乎、近来者慈円大僧正平佑申請、被加任隆慶於権寺主之外、寺主之剰欠不候、旁無其種候乎之由、相存候、当寺者、殊可被執思食候歟、抑為長卿依申子息之学問料、四人之推学、頗難義之間、相択大符卿之義、粗申出候乎、事若実者、長倫卿所望申候也、其故者、遂維月之望候之上、此職僧雖非可懇望申、世途之嶮岨、上階以後、弥難堪忍候、当職便補之地少々其聞候、若可有勅許候者、生涯可満足、快送余生事、可相兼奉公殊私之由、頻歎申候、参入言上達候之間、以事次申入候也、以此等之趣、可然之様、可令洩申達給、尊性敬言上、

二月十一日　尊性上　進上　右大将殿

○申達（マウシース）

文書番号:4569　和暦:天福元年10月10日　西暦:1233

文書名:僧某等連署証状写　典拠:伊勢光明寺文書

【本文】

永起請進所領遠江国鎌田御厨内良角新開在家田畠等事　合半分者

右、当御厨事、去建久年中殊経沙汰、就記録所勘　奏之状、任治承宣旨、停止国妨、可為神領之由、正治元年雖被下宣旨・□宣、国司寄事於左右、無施行之間、送年月之処、依注進神宮大訴之内、可停止国妨之旨、建保二年被　宣下了、雖然給主等、未申達於国司、仍為外宮権祢宜度会神主彦仲沙汰、任度度綸言、依代々国司施行、申成国司免判并関東将軍

家御下文、□□神領給主等令知行者、各得分之内、半分能悪平均可分□也、但於有限神役者、付得分、依傍例無懈怠、可有同心沙汰、□□可及違乱、凡云当時知行之族、云将来相承之輩、相互守此状、莫令違背、起請二通之内、一通者加判、可返給之、一通者可被留之、併為備両方後代之証拠也、若沙汰不不成就者、□□詳限之状如件、

天福元年十月十日　僧□□□　僧□□□

○申入（マウシイル）

文書番号:4459　和暦:（貞永2年）3月21日　西暦:1233

文書名:尊性法親王書状　典拠:山城真経寺所蔵法華経裏文書

【本文】

郡司職事、一日不蒙御定罷出候畢、為国々要須之上、日来不兼候之上者、可為其儀候乎、又猶可被相具候歟、委細可承存候、抑天王寺事、未及御評定候乎、此間御秘計事大切覚候、兼又入道相国申神倉間事、広不及外聞、任道理蒙御成敗者、所望可足候之由、去夕重歎遣候、尤早可御評定と覚候、一日申入候六月会院宣、不可被下澄快候、以此旨、可令洩披露給、尊性敬言上、

三月廿一日　尊性上　進上　人々御中

○披露（ヒロウ）

文書番号:131　和暦:（文治2年）7月24日　西暦:1186

文書名:源頼朝書状　典拠:高野山文書宝簡集一

【本文】

被仰下候備後国大田庄事、為高野山領、可被充行不断両界供養法用途候之由、謹以後承候了、任　宣下之旨、不可致実平知行之由、所令下知候也、仍書消息進上之候、以此旨可令披露給候、頼朝恐々謹言、(附箋)

「文治二年」七月廿四日　頼朝（花押）

○奏聞（ソウモン）

文書番号:1228　和暦:（建仁元年）6月24日　西暦:1201

文書名:坂上明基書状　典拠:東大寺文書二

【本文】

(端裏書)「検非違使明基遣隆玄寺主之許返状」

問注間事者、於当座聞食候了、御不審不可候、罪科定者、問注記令清書之後、有御奏聞、可有左右事候歟、然而当寺御訴厳重之間、先可令召禁末弘之由、別当宣候也、仍今朝可召進由、遣仰真妙許候了、未申左右候、但定令召進候歟、彼請文到来之後、可申左右候、恐々謹言、

六月廿四日　左衛門尉明基

○洩啓（モラシケイス）

文書番号:4975　和暦:（嘉禎2年）4月15日　西暦:1236

文書名:春日神主親泰書状　典拠:春日社司祐茂日記

【本文】

昨日仮殿御遷宮并御棟上、無風雨之難、無為無事被遂行候事、付公私悦思給候、抑一二三御殿者、無煩御戸奉開候了、而迄于四御殿許、其御鎖良久不被抜御候之間、白弁殿、依何事有遅々哉之由、蒙仰候之処、余之御殿者、皆令開給、依当御殿御鎖之不抜御、時剋押移事、以外之違乱也、存須為無為之様、可奉抜之由蒙仰候間、正預能基小破御鎖之片方奉抜候了、此条即時雖可令言上候、且使往還之間、日時馳過候事、無極違乱歟、凡又二季御祭之日限、四御殿計八御鎖舌強而暫不被抜御事、先々候故、不言上黙止候了、雖然又御鎖破損事、不申上候事、依其恐候、可令言上候也、以此旨、可令洩啓候之由、可令披露給候、親泰恐惶謹言、

四月十五日　春日神主親泰　進上　左衛門大

【分析】

「可令奏達給」グループには、「可令奏達給」「洩達」「上達」「申達」「申入」「披露」「奏聞」「洩啓」の八語が属している。その中で、「可令奏達給」は『日本国語大辞典』第二版及び管見の範囲の古辞書にも掲載がないため、鎌倉遺文四六三八号文書を分析してみる。まず、関連する人物について確認しておきたい。承澄（一二〇五〜一二八二）は、鎌倉中期の天台密教の僧侶であり、画家でもある。藤原師家の子で、八才に得度し、覚審や忠快に師事していた人物である。前（さき）の関白は、九条道家（一一九三〜一二五二）である。西園寺公経の娘綸子を妻として、公経の支持を得ることにより、朝廷における実権を掌握した人物である。承久の乱後、摂政を罷免されたが、公経の力により、安貞二年（一二二八）、関白に任ぜられた。翌年、道家の娘竴子が、後堀河天皇に入内し、中宮となった。寛喜三年（一二三一）、道家は、長子教実に関白を譲るが、その後も、「大殿」として実権を握った。貞永元年（一二三二）、竴子が生んだ秀仁親王が即位して四条天皇と

なり、道家はその外祖父となって、ますます権勢は盛んとなった。この書状は、その頃のものであると考えられる。問題の一通は、天福二年（一二三四）頃の三月二十三日に、尊性法親王が、右大将藤原家嗣に宛てた書状である。内容は、以下の通りである。「承澄が提出した訴状を進上致します。詳細は、しかるべく、法皇に御高覧賜った上で、急ぎ、御決定・御命令を下していただきたく存じます。さきの関白の大殿（九条道家殿）も、よく承知しておいでです。今日は、二つの法会のために、比叡山延暦寺に登り、明後日、京の都に下りて来る予定です。念仏の事は、その後、特に申し上げるべき趣旨はございません。さて、身阿弥陀佛を山城の国内から追放すべき院宣をお下しいただきたいと存じます。身阿弥陀仏が、根本から悪い行為をすることは、世間で風聞となっております。詳細は、御所に参上し、申し上げる所存である事を、右大将殿から法皇に上奏して、叡聞に達するよう、お取り計らいいただきたいと存じます。」右の書状は、尊性法親王が、承澄の訴状に基づいて、身阿弥陀仏を追放するよう、早く院宣をくだしてほしい、と、右大将藤原家嗣に願い出たものである。

『消息詞』に於いて、「可四令二奏達一給三」は「ソウタツセシメタマフヘシ」と傍訓が施されており、「法皇・天皇に上奏して、お耳に入れていただきたい」の意味である。同グループには「洩達（モラシタツス）」「上達（シヤウタツ）」「申達（マウシタツス）」「申入（マウシイル）」「披露（ヒロウ）」「奏聞（ソウモン）」「洩啓（モラシケイス）」等の語彙が収められている。「下位の者の意見を、高貴な人の耳に伝える」意味を持つ語彙である。

「可(ヘシ)四令(シメ)二奏(ソウ)達(タツセ)一給(タマフ)三」は、弘治二年本『節用集』、永禄二年本『節用集』、正宗文庫本『節用集』、天正十八年本『節用集』、饅頭屋本『節用集』、易林本『節用集』、黒本本『節用集』、『伊京集』、文明本『節用集』『色葉字類抄』東京大学文学部国語研究室蔵『伊呂波集』（仮題）、元亀二年京大本『運歩色葉集』、高橋本『色葉字』、北野天満宮蔵佚名古辞書『色葉

集』（仮題）、陽明文庫蔵『諸雑聞書』言語類、妙本寺蔵永禄二年『いろは字』、有坂本『和名集』伊路波字、猪無野本『伊呂波集』（仮題）、広島大学本『和名集』（仮題）伊呂波字、国立国会図書館蔵『色葉字尽』等等の古辞書には掲載されていないので、『消息詞』の特有語句であることが分かる。

『音訓引き古文書字典』、『古文書古記録語字典』、『古文書用字用語大辞典』、『古文書用語大辞典』、『古文書用語辞典』にも収録されていない。

可令奏達給グループにおいて、「可令奏達給」「奏聞」「洩啓」は、「情報や意見を天皇に伝える」の意味であり、「上達」「申達」は共に「意見を伝達する」の意味であるが、「上達」は下位者が上位者に伝達することであるのに対し、「申達」は上位者が下位者に伝達することであり、『上達』と「申達」は、意見を伝達する両者の地位が逆である。「洩達」は「不注意で、ある情報を洩らす、あるいは、密かにある情報を伝達する」の意味であり、「申入」「披露」は「あることを相手に告げて知らせる」の意味であり、伝達双方に地位の高低が無い場合にもちいる語である。

以上の分析を踏まえて、可令奏達給グループは「意見や情報を伝達する」の意味を持つ語彙を収めていることが分かる。ただ、意見や情報を伝達する両方には、地位の相違が見られ、相手が天皇・上位者・下位者・同輩の場合、それぞれ使用する語彙が違ってくる。このように当グループは、意見を伝達する相手の多様性に応じられるよう、使用場面の違う八語を収めている。

第十二項　可令察給グループ（第66グループ）

〇可四令二察一給三

文書番号:30189　和暦:（嘉暦3年）3月14日　西暦:1328

文書名：大宮司書状　典拠：公卿勅使参宮日記

【本文】

斎王候殿・舞姫候殿葺萱、并前司之時無沙汰、荒垣等修補事、示給候旨承候畢、但勅使下着離宮院・河原殿以下屋営作・饗膳供給等、大営奔波折節候、且可令察給候哉、雖然随秘計、可致沙汰候也、恐々謹言、

三月十四日　大宮司判

〇垂賢察

文書番号:1989　和暦:鎌倉前期　西暦:1221

文書名：笠置百姓等申状案　典拠：東大寺所蔵探玄記十五巻抄第一裏文書

【本文】

（折紙）笠置百姓等言上　欲早停止非法公事、且被任先例子細事、件元者、先京上夫駄事、古今之例毎年不過二三度、於当任者、毎月或一度或二度、更無欠怠、召仕之間、夫駄難堪、為之如何、就中数日住京、是又歎之中歎也、云疲駄云旅夫、共以及疲極者也、凡例飯不足、不可不訴申、先例者本斗半也、而今纔三合賜之間、疲極無術、旅宿人夫偏馮彼例飯許也、宜垂賢察歟、次修正月牛王使等并七種菜使者、皆給飯酒饗応処也、然此四ケ年之間、酒肴仁天被停止飯之条、頗以遺恨、且祝之事也者、争不致訴訟哉、抑今所訴申者、省万、纔奉

一二而已、早任訴状之旨、欲被停止非例、若不然者、百姓等難留浮跡、仍言上如件、

○推察（スイサツ）

文書番号:11955　和暦:（建治元年）7月12日　西暦:1275
文書名：春日正預祐継書状　典拠：中臣祐賢記建治元年八月二日条

【本文】

守安狼藉間事、御見知事候之上者、今更不能委細候歟、所詮、各申訴訟之時者、雖為烈参、雖為御加暑、随申可有御同心之趣、両度御領状候き、仍深存其旨候処、即御変改之間、無其儀候歟、剰自寺家令預御尋給刻、御申状変々間、御成敗殆如無候歟、本自如此御所存候者、何可有御同心之由、再三可蒙仰候哉、万事以之被推察候、於向後者、有何曽諸事可奉同心候哉、永不可申承之由、当氏権官・氏人等評定候也、恐々謹言、

七月十二日　祐継
　　神主殿

○仰照覧（アフクセウランツ）　（該当用例がないため省略する）

【分析】

可（ヘシ）四令（シメ）二察（サツセ）一給（タマウ）三グループには「可（ヘシ）四令（シメ）二察（サツセ）一給（タマウ）三」「垂賢察（タレヨケンサツヲ）」「推察（スイサツ）」「仰照覧（アフクセウランツ）」の四語が属している。「可（ヘシ）四令（シメ）二察（サツセ）一給（タマウ）三」は『日本国語大辞典』第二版及び管見の範囲の古辞書にも掲載がないため、鎌倉遺文三〇一八九号文書を分析してみた。三〇一八五号と三〇一八八号が関連文書であるので、その原文も載せる。原文は「三〇一八五号　文書名：伊勢太神宮庁宣／庁宣／可早致沙汰公卿勅使御参宮間、祠官職掌人宮中番直可有丁寧勤事、／右、来

月十九日、公卿勅使可被発遣之旨、所被仰下也、彼御参宮以前、宮中番直不謂当番非番、可有丁寧勤之旨、可令相触祠官職掌人之状、所宣如件、／嘉暦三年三月十四日」「三〇一八八号　文書名：内宮祢宜書状／斎王候殿・舞姫候殿、葺萱破壊之上、荒垣北面二間破壊事、前司之時、可有修造之旨、其沙汰候之処、得替之刻、于今無修補候、而来月公卿勅使御参宮以前、任先例、可令致修造沙汰候、恐々謹言、／三月十四日　内宮祢宜判／謹上大司御館」である。三〇一八五号文書は、嘉暦三年（一三二八）三月十四日に、伊勢大神宮司庁が発した文書である。「公卿勅使（国に大事が起こった際に、伊勢大神宮に奉幣のために遣わされる公卿）が参宮されるので、祠官や職掌人は、神宮内の仕事を、念入りに勤めることと、というのが要旨である。来月（四月）十九日、公卿勅使が派遣される旨、勅命が下されたところである。公卿勅使の御参宮以前に、大神宮の神官達は、当番・非番にかかわらず、念入りに、特別に注意の行き届いた勤めをするよう、祠官・職掌人に通達しなさい。」という内容である。三〇一八八号文書は、嘉暦三年（一三二八）三月十四日に、伊勢大神宮内宮の禰宜が、大宮司宛に出した書状である。「伊勢の斎王と舞姫の御座所の屋根の葺萱が破損しているだけではなく、大神宮の荒垣（大神宮の外囲の垣）の北側が二間（約三・六四メートル）にわたって壊れている事について。前任の国司の在任中に、修理するよう、御命令が下されたが、国司の交替二つの宮殿及び外側の垣を修造する意向があったが、上位機関の許可を待つ間、国司が交替し、今に至るまで、修補されないまま放置された状態になっている。来月、公卿勅使が御参宮される以前に、先例通りに、修理の命令を下してください。」という内容である。これら二通の文書によって事情が明らかなように、来月公卿勅使が参宮されるに先立ち、怠り無く準備をしておく必要がある、という大神宮の目下の状況が確認できた。では、三〇一八九号文書を検討してみる。大宮司の書状であり、内容は以下の通りである。「伊勢の斎王と舞姫の御座所の屋根の葺萱、ならびに、前任の国司の時に処理しないまま放置されていた荒垣等の修理の事についてお示し下さった旨、確かに承知致しました。ただ、公卿勅使が到着・滞在される離宮院・河原殿等の建造や、饗応の御食事の提供の準備等、幾つもの大仕事を抱え、あれこれ苦労しておる最中です。しばらく、こちらの窮境を御賢察くださるようお願い致します。そうは言っても、そのうちなんとか工面して、伊勢の斎王と舞姫の御座所の屋根の葺萱、ならびに、前任の国司の時に処理しないまま放置されていた荒垣等の修理の方も処置するように致します。」という内容である。

『消息詞』に於いて、「可四令二察一給三」は「サツセシメタマウヘシ」と傍訓が施されていて、「当方の状況（窮境）を御推察くださるようお願い致します」の意味である。同グループには「垂賢察（ケンサツヲタレヨ）」「推察（スイサツ）」「仰照覧（セウランヲアフク）」等の語彙が収められ、「目上の人や上位者が、下位の者の状況を推察する」等の意味の語彙がグループ化されている。

なお、「可四令二察一給三」は、弘治二年本『節用集』、永禄二年本『節用集』、正宗文庫本『節用集』、天正十八年本『節用集』、饅頭屋本『節用集』、易林本『節用集』、黒本本『節用集』、『伊京集』、文明本『節用集』『色葉字類抄』東京大学文学部国語研究室蔵『伊呂波集』（仮題）、元亀二年京大本『運歩色葉集』、高橋本『色葉字』、北野天満宮蔵佚名古辞書『色葉集』（仮題）、陽明文庫蔵『諸雑聞書』言語類、妙本寺蔵永禄二年『いろは字』、有坂本『和名集』伊路波字、猪無野本『伊呂波集』（仮題）、広島大学本『和名集』（仮題）伊呂波字、国立国会図書館蔵『色葉字尽』等等の古辞書には掲載されていないので、『消息詞』の特有語句であることが分かる。

『音訓引き古文書字典』、『古文書古記録語字典』、『古文書用字用語大辞典』『古文書用語大辞典』『古文書用語辞典』にも収録されていない。

当グループに属している他の語彙を見る。「垂賢察」は「上位者が下位者の処している状況や境遇を推察・推量する」ことを、下位者が敬意を以て使用する語句であり、「仰照覧」

は「下位者が上位者に自分の状況などを推量することを求める」場合に使用する語句である。上記の分析によると、このグループは「推察・推量する」の場面に使用する語彙を集めていると言えるだろう。

第十三項　丁寧グループ（第67グループ）

○丁寧（ティネイ）
文書番号:17031　和暦:正応2年6月1日　西暦:1289
文書名:一条家経御教書　典拠:土佐金剛福寺文書

【本文】
（上包）「御教書右馬権頭殿〈則任〉御奉書」
蹉愴御崎金剛福寺造営事、政所御下文〈副御奉書一通〉遣之、致丁寧沙汰、可終早速功之旨、殊可被加下知、兼又度々御下文等、当寺回禄時焼失云々、仍供田御下文二通、任申請、重被成下之、於此余御下文以下証文者、案文加判形、可下給之旨、所被仰下也、仍執之如件、

正応二年六月一日　右馬権頭（花押）　前大蔵少輔殿

○懇切（コンセツ）
文書番号:19532　和暦:永仁5年11月15日　西暦:1297

文書名：伝法潅頂印信　典拠：金沢文庫文書

【本文】

（端裏書）「伝法潅頂印信〈儀式三宝院〉　道海」伝法潅頂阿闍梨位事
昔大日如来開大悲胎蔵・金剛秘密両部界会、数百歳之後、授竜猛菩薩、如是金剛秘密之道、迄吾祖根本阿闍梨弘法大師既八葉、今至愚身第廿六代、大悲胎蔵第廿五葉、伝授次第師資血脈相承明鏡也、小僧数年、励意求密蔵、幸随慈猛阿闍梨、蒙具支潅頂印璽、爰道海感其志、懇切授与伝法職位、為次後阿闍梨、能洗五塵之染、可期八葉之蓮、是則酬三世仏恩、答一世師徳、吾願如此、不可余念耳、永仁五年十一月十五日〈井宿月曜〉
弟子道海　伝授阿闍梨伝灯大法師位鑁海

○慇懃

文書番号:16495　和暦:弘安11年正月28日　西暦:1288
文書名：後深草上皇願文　典拠：公衡公記弘安十一年正月廿八日条

【本文】

「草藤三位基長卿清書前太政大臣」
夫八幡大菩薩者、或釈迦衛国王之子、来自耆崛而排権扉、或無量寿世尊之身、顕于男山而垂霊跡、是則誉田天皇宗廟太神而已、挙直措枉大菩薩垂納受、挙枉措直大菩薩不納受、言其外用則超夏殷周三王之君、言其内証、亦為法報応三身之仏之故也、何世而不欽仰之、誰人而不尊崇之、伏惟、神武基皇徳以来、謬八十余代之嫡嗣、正元遁帝業之後、久忝三十六洞之仙遊、昔父兆庶雖少子育之仁、今父一人欲滲南明之化、爰陛下君臨之始、寓内臣伏之時、垂諮拘之暇隙、企宗那之参詣、凝潔清之明信、継寛元之叡願、即翌七日殷勤之精誠、所修両箇鄭重之白善也、奉摸写素紙華厳経一部六十巻・梵網経二巻・大集経三十巻・日蔵分十巻・月蔵分十巻・瓔珞経二巻・大品般若経一部四十巻・仁王経二巻・妙法蓮華経一部八巻・無量義経一巻・観普賢経一巻・大般涅槃経一部三十巻・後分二巻・像法決疑経一巻、方今点釈提桓因鑒臨之斎月、卜遍照薄伽有縁之良辰、洒掃神壇、称揚仏書、无法印大和尚位権大僧都寛円為唱導師、言泉頻湧、省聞満願子於印土、義林牙森、如摂迦病、延於論場、於戯、暁排玉戸、雪意猶埋遠望山之梢、朝拝瑞籬、梅信漸薫、転法輪之蝪、触境之感、自然相催、抑卯金刀明主、得宮福而子孫並興、依致孝行於遠祖之霊祠也、後嵯峨法皇伝大統而子孫共昌、以致孝敬於遠祖之尊蝪也（後半省略）

○無ニ疎略一

文書番号:18931　和暦:（永仁3年）11月28日　西暦:1295

文書名:後宇多上皇院宣　典拠:東大寺縁起

【本文】

東大寺興隆事、叡慮雖無疎略、令送居諸之処、仏閣牢篭、神輿入華、已渉両年、曽無先規歟、就中、今度乍有南都之臨幸、争無当寺御巡礼哉、所詮、帰座神輿、令開仏戸者、可被始行勅願、雖為彼南北条・長沼両郷、以別儀、可被付其足歟、即為検校職、可被執行也、殊廻当寺静謐之計、可専永代紹隆之儀歟、令相触満寺、可被看衆徒之旨、御気色可□、此由、可令洩申東南院僧正御房給、依執達如件、

永仁三年十一月廿八日子刻　前藤宰相雅藤奉　謹上　中納言法印御房

○不二忽緒一

文書番号:1144　和暦:文永10年10月　日　西暦:1273

文書名:播磨伊和社神官等解　典拠:播磨伊和神社文書

【本文】

播磨国一宮伊和社神官講衆等謹言上　欲早任先例、□□□□□□□国野口保雑掌并公文以下破損

神輿神宝、刃傷神官講衆等罪科状、

副進

二通　院宣案〈当国上岡郷公文真正狼籍事、為傍例備進之、〉

一通　国宣案〈同真正事、土御門内大臣家国務御時、〉

一通　当国野口保公文恒利親父利平清秡請文案

一通　神輿并神宝以下破損目六

一通　野口保雑掌以下張本交名

一通　被疵神民講衆等交名

右当社者、我朝鎮護之霊社、異国降伏之尊神也、因茲、代々之聖主帰仰之、任々掌吏崇重之、是以、恒例神事祠官不怠、長日勤行寺僧不忽緒者也、爰六月会以後、始自同十五日、為備供菜之贄、所立神木也、神用以前凡人不黷之、此条垂跡以来、行来尚失、而不慮黷此河、誤而侵此河之者、或処重科、或致清秡者、承前之例也、然間、去六月任例立神札之処、彼保雑掌蔑如神威、歎而有余、仍神事欠怠之条、難默止之間、神官等罷向彼保、任先例可行清秡之由、相触之処、悪行依難遁、

田所高次郎清秋事、令承伏畢、而彼保公文恒利打止其清秋、及狼藉之間、神事之陵夷、人力不及、欲捧神輿之処、遮押入

神領、無是非打破神輿、破損神宝、或帯兵杖致刃傷、或張石弓佡打擲、仍被疵之神民卅余人、万死一生之輩十余輩、言語道断、前代未聞之悪行也、当国守護所被実検被疵人数并疵寸法等畢、有御尋、不可有其隠者歟、凡神官神民溺涕泣兮殆迷是非、傍庄傍国、致見聞兮無不傷嗟、抑狼藉之張本内、公文

恒利之父誤而依黷贇河、処罪科行清秋畢、子細見于具書、況今度事、非啻黷其河、破損神輿、刃傷神民、绎絶常篇、科超彼例、早張本以下之輩被行重科、以彼保為当社領、被造替神輿神宝等者、且懲向後之狼藉、且増神明威光、天長地久、都鄙静謐、殊凝懇情、令祈御願、仍粗言上如件、

文永十年十月　日　神官等上「講衆等上」

○鄭重（テイチウ）

文書番号:50533　和暦:（承元2年カ）9月2日　西暦:1208

文書名:興福寺別会五師書下　典拠:内閣文庫蔵大乗院文書符案類聚抄

【本文】

鹿田米事

右、長講会者、御願鄭重、奇瑞年尚、四十日之論談、数十口之聴衆、仏法恵会斯会大友、是以施供之鹿田米代々奉行令其沙汰清廉也、而頃年以来粗雖有□供最少分也、此条猶為宿許、而至当年者、正税□□令□欲相充仏聖以下諸寺供料之処、不及九牛之一、未曽有之新議也、如当時者、長講会者、永欲及

断絶、速以正税可令究下之由、可被仰下也、若及不被加厳酷之御沙汰者、且可被任先例、付神人等於奉行所、可被譴責之由、僧綱以下綱所会并衆徒令議所候也、以此趣、可令披露庄家候、恐々謹言、

九月二日　別会五師宣尊□

謹上　口昭慶門院別当定嗣右中弁殿

○勿三處二疎簡一

文書番号:21517　和暦:乾元2年閏4月　日　西暦:1303

文書名:法隆寺牒案　典拠:大和法隆寺文書

【本文】

（端裏書）「興福寺牒送状案」

法隆寺牒　興福寺衙　早欲被依星歳寺訴、奉重太願御入京、貴寺宜同心合力状、牒、当寺扶桑乗仏法之濫觴、日域仁祠之権与、盖如須達在西竺建精舎之基、摩騰来東漢、留白馬之跡、誰有識曹、不崇重哉、

而当寺領播州鵤庄西三ケ下司、猥募武威、恣行非法、依之、住侶資貯忽及欠如、勝万大会速令断絶、所以於六波羅家、頻雖訴之、更無急速之成敗、還以朋彼敵方、然者、自由政道人、為争諌之、所詮、任嘉禄之例、奉進太子御入洛、欲遂寺門之欝望矣、夫貴寺与当寺、現有三聖一身法水源流之好、何無同心由許之助矣、修遂之趣、詮要在斯而已、書不尽言、乞也、衙察状、勿処疎簡、故以牒、

乾元二年〈癸卯〉閏四月　日　法隆寺衆徒等牒

【分析】

丁寧(ティネイ)グループには「丁寧(ティネイ)」「懇切(コンセツ)」「慇懃(インギン)」「無(ナシ)二疎略(ソリヤク)一」「不(ス)二忽緒(コツショ)一」「鄭重(テイチウ)」「勿(ナカレ)三処(ショスルコト)二疎簡(ソカン)一」の七語が属している。その中で、「勿(ナカレ)三処(ショスルコト)二疎簡(ソカン)一」は『日本国語大辞典』第二版及び管見の範囲の古辞書にも掲載がないため、鎌倉遺文二一五一七号文書を分析してみる。
この文書は、続々群書類従、雑部に、正倉院文書双倉北雑物出用帳以下三十八種の一「興福寺法隆寺牒状二通」の一通として、「法隆寺太子御入洛牒状」と題し、次のような本文で収録されている。鎌倉遺文所載のものとは、異同がある。

法隆寺牒　興福寺衙／早欲下被レ依二累歳寺訴一奉上レ進二本願御入京一貴寺宜二同心合力一状／牒、当寺者、扶桑仏法之濫觴、日域仁祠之権輿、蓋如須達在二西竺一建二精舎之基一、摩騰本来二東漢一留二白馬之跡一、誰有識曾不二崇重一哉、而当寺領播州鵤荘西三箇下司、猥募二武威一、恣行二非法一、依レ之住侶資貯忽及二闕如一、勝鬘大会速令二断継一、所以於二六波羅家一頻雖レ訴レ之、更無二□□之成敗一、還似レ萌二彼敵方一、然者自由政道人力争諫レ之、所詮任二嘉禄之例一、奉レ進二太子御入洛一、欲レ遂二寺門之欝望一矣、夫貴寺与二当寺一、既有二法水源流（傍書、三聖一身）之好一、何無二同心共許之助一矣、牒送之趣、詮要在レ斯而已、書不レ尽レ言、乞也衙察レ状、勿レ処二疎略一、故一牒、／乾元二年癸卯潤四月日法隆寺衆徒等牒

更に続けて、書写者による、以下のような識語がある。

元文元年丙辰秋八月、雨中徒然之余、拾二集余多旧草一書二写之一為二一条一然写本文字闕分許多、而又三写烏馬之誤頗多、依レ之於下有明拠一者上補二其闕一、於下无二其拠一者上以レ囲記レ之、愚情甚有恐、視人取捨可レ仕レ心者也／鵤寺中院／良訓大僧都

鵤の荘の利権をめぐる、法隆寺側と、地頭・荘官等との間の争いは、たびたび起こっている。例えば、①文治二年（一一八六）、鵤の荘の地頭が、領家である法隆寺の命令に背き、勝手に代官を入れて、荘園を横領したが、その時は、源頼朝が、聖徳太子ゆかりの由緒ある荘園であるとして、後白河院の院宣により、文治三年三月、地頭の押領をやめるよう、

命令している。②承久三年（一二二一）の承久の乱の時、久岳名（ひさおかのみょう）の名主である内藤成国が京方に加担したため、鎌倉幕府は、青木重元を、久岳名の地頭に補したが、法隆寺の訴えにより、青木の地頭職を停止した。後者は、吾妻鏡の嘉禄三年五月二十三日の条（注）に見える。

（注）「廿三日辛丑晴、播摩国鵤荘内、久岳名地頭、青木兵衛五郎重元、被止沙汰、当所名主、内藤右馬允成国、去承久三年逆乱之時、交官軍之間、以重元被補地頭之処、本処法隆寺、依子細申、及此儀、当荘事、太子御起請異他之地也、右大将軍御時、有御帰依而専興隆云云」

鎌倉遺文二一五一七B号文書は、法隆寺の衆徒らが、興福寺の公事所に送った文書である。「早く、長年の間、法隆寺が六波羅探題に訴え出ている、鵤の荘の押領について、御入洛の上、味方をして御力添えくださるようお願いする、というのが、一通の要旨である。法隆寺は、日本の仏法のはじめであり、須達がインドで祇園精舎を建て、摩騰が中国で白馬寺を造ったのと同じく、国の最初の寺である。この事を知る者は、誰でも、法隆寺を尊重するのである。しかし、法隆寺の領地である鵤の荘の下級荘官が、武力にまかせて不法行為を働いた。このため、法隆寺の僧侶の財産は、忽ちに欠乏し、勝鬘大会も断絶してしまった。六波羅探題にたびたび訴えたが、いっこうに速やかな御裁決はなされず、却って、敵方の味方をしているのと同じである。だから、政道を思いのままにする人が、つとめて争って、これを諫めていただきたい。つまるところ、嘉禄の先例の通りに、貴人の御入洛をお願いし、法隆寺の多年の鬱憤を晴らしたいと存じます。貴寺（興福寺）と当寺（法隆寺）とは、同じ仏法の流れをくむ関係であり、どうして、御助力くださらないことがありましょうか。この文書をお送りした肝心の要点は、まさにここにあります。十分には言葉を尽くせませんが、どうか興福寺の公事所におかれては、この窮状を御賢察くださり、決してなおざりには御対応くださらないようお願い致します。」という内容である。

『消息詞』に於いて、「勿三處二疎簡一」には「ソカンニショスルコトナカレ」と傍訓が施されている。右の文書では「決して疎略には対処されないようにお願い致します」の意味で使用されている。「勿三處二疎簡一」は「丁寧（テイネイ）」のグループに属し、同グループには「懇切（コンセツ）」「慇懃（インキン・ネンコロ）」「無二疎略一（ソリヤクナシ）」「不二忽緒一（コツショセス・イルカセニス）」「鄭重（テイテウ）」の語彙が収められている。相手の依頼に対する応対や、事態に対する対処に関連する語彙であり、「相手に対して、親切に応対するさま」「事態に対して手厚く対応するさま」「応対や対処をなおざりにしない」「配慮や手間を省いて、いい加減に取り扱わないでほしい」等の意味を有する語彙である。

「勿三處二疎簡一」は、弘治二年本『節用集』、永禄二年本『節用集』、正宗文庫本『節用集』、天正十八年本『節用集』、饅頭屋本『節用集』、易林本『節用集』、文明本『節用集』、黒本本『節用集』、『伊京集』、東京大学文学部国語研究室蔵『伊呂波集』（仮題）、『運歩色葉集』（元亀二年京大本他）、高橋本『色葉字』、北野天満宮蔵佚名古辞書『色葉集』、陽明文庫蔵『諸雑聞書』言語類、妙本寺蔵永禄二年『いろは字』、有坂本『和名集』伊路波字、猪無野本『伊呂波集』、広島大学本『和名集』（仮題）伊呂波字等の古辞書には掲載されていない。『消息詞』の特有語句であることが分かる。

『音訓引き古文書字典』、『古文書古記録語字典』、『古文書用字用語大辞典』『古文書用語大辞典』『古文書用語辞典』にも収録されていない。

改めて、丁寧グループをみると、所属語彙の中で「丁寧」「懇切」「慇懃」「鄭重」は「あることや人に対して礼儀正しく注意深く扱う」意味であり、「無二疎略一」「不二忽緒一」「勿三處二疎簡一」は「粗末に扱ってはいけない、つまり丁寧に扱う」の意味であるフレーズである。以上の分析を踏まえると、丁寧グループは「丁寧に扱う」の意味である語彙を収めていることが分かる。

第十四項　披露グループ（第70グループ）

○披露（ヒロウ）

文書番号:3467　和暦:（嘉禄2年）2月27日　西暦:1226
文書名:北条泰時請文　典拠:肥後阿蘇文書

【本文】

色見山鳥事、謹承候了、大進入道老耄之者候、為御代官可候歟之由、一旦雖執啓候、所詮、左右可為御計候也、其外無下知之旨候而、刄傷神人、切御使髻之由事、沙汰人申状〈副神官連署状〉給預候了、如状者、尤以不穏便候、然而糺明狼藉之子細、可申之由、下知地頭代候了、申状到来之時、重可申人候、以此旨可令披露給候、恐惶謹言、
「嘉禄二」二月廿七日　武蔵守（花押）

○露顕（ロケン）

文書番号:21886　和暦:（嘉元2年）7月6日　西暦:1304
文書名:金沢貞顕書状　典拠:金沢文庫文書

【本文】

印西沙汰事、□□人構謀書之由、訴人令申候云々、貴恨不少候、其上、自金沢殿可申方々之由、仰候之間、可存其旨候、猶々彼凶害露顕事、相構々々、達上

聞之様、可令伺申給候、式郡殿御跡事并小河事以下、承候了、事々期後信候、
彼両条事、覚恵子細可申候也、所詮、少人事者、御存生之時、ありつけさせ給
より外の事、候ましく候歟、此旨先日申候き、恐々謹言、
七月六日　越後守（花押）　明忍御房（切封墨引）

○風聞（フモン）
文書番号:347　和暦:文治4年10月12日　西暦:1188
文書名:後鳥羽天皇宣旨　典拠:吾妻鏡文治四年十月廿五日条

【本文】
文治四年十月十二日　宣旨
前伊予守源義経忽挿奸心、早出上都、恣巧偽言、渉赴奥州、仍仰前民部少輔藤原基成并秀衡子息泰衡等、可召進彼義経之由、被下宣旨先畢、而不恐皇命、猥述子細、普天之下豈以可然哉、加之、義経当国之中廻出之由、慥有風聞、漸送月緒、委加捜索、定無其隠歟、偏与野心、非軽朝威哉、就中泰衡継祖跡於四代、施己威於一国、境内之俗誰不随順、重仰彼泰衡等、不日令召進其身、於有同意之思者、定遺噬臍之恨歟、専守鳳銜之厳旨、不同梟悪之誘引、随其勲功、賜以恩賞、若従凶徒、猶図逆節、差遣官軍、宜令征伐、王事靡監、敢勿違越、
蔵人右衛門権佐藤原朝臣定経奉

○洩聞（モレキコユ）
文書番号:20429　和暦:正安2年4月　日　西暦:1300

文書名：備後大田荘々官百姓等解　典拠：高野山文書又続宝簡集百四十二

【本文】

（前略）右、於当御庄預所職者、任本願上人御起請文之旨、御住山寺僧之外、御庄務之例未承及之処、先預所殿御得替之刻、以法眼淵信被補当職之旨、永仁五年後十月六日年預御状、同十八日到来、此条、於桑原、年来張行種々非法之ゝ由伝承之上、為在家人之間、且任本願上人建久五年七月七日御起請文之旨、且任関東弘安七年十一月廿七日御下知之旨、雖可支申、過収納牛済之期、令遅々之間、若於支申者、為御年貢之障礙之条、依為庄家一同之歎、乍含欝訴、存公平、不致訴訟、属在家人淵信、無為遂収納之上者、淵信又速任先例、可致所務之処、庄官百姓等、至後年者、可支申之由、洩聞内談、為其阿党、背所務之先例、張行種々新儀非法之余、範方或号津下駄賃用途、或称同糧物用途、減和市之法、被納最少分之間、依為庄家一同之大訴、種々雖歎申、一切不叙用之、弥成阿党、或先例有限、不可貽御迎船用途之由、加下知、号有未進、以数多之使、致過法之譴責、損亡百姓（攻略）

○人皆知レ之

文書番号:22126　和暦:嘉元3年3月7日　西暦:1305

文書名：無住譲状　典拠：尾張長母寺文書

【本文】

当寺事、故静観房上人、以先師慶法橋上人位跡成持斎寺、我身入遁世門、譲愚老了、回禄、道円房為中興檀那、建立仏殿僧堂僧房等、且依愚老之運歟、仍雖為不肖身、当開山之仁、依資縁如無度々、或譲他人、或自辞之、然而莅故東福開山座下、顕密禅教大綱聞之、雖不得其旨、伝灯之志挿心中、仍同法中択其機量、可付当寺、於此順一房、自六歳養育、兄弟師資親子骨肉、連理因縁不浅、学雖不広、於禅門稽古経年、仍為当寺房主、持人法守寺門、有機量仁、相計可付属、亦顕密法門先達智人、有縁知識、相求可為長老、故静観上人寺中位僧等事、可為愚老之進止之由、雖無別譲状、世以無隠、人皆知之、已経年処、然則位僧等事、寺中大小事、如愚老可相計、誰存異義哉、若如愚老有縁可住者、住持三宝、殊聖僧定可令守護、猛悪之之輩不可致違背、兼桃尾寺田日笠一丁、先人譲状相副譲了、彼寺祖母遺跡也、相可致聖霊孝養之行乗次、同記之、仍為後代亀鏡記了、

嘉元三年三月七日壬子〈鬼宿木曜〉長母寺住持金剛仏子道暁（花押）

○無(ナシ)二其(ソノ)隠(カクレ)一

文書番号:14222　和暦:（弘安3年）12月23日　西暦:1280

文書名:地頭代迎蓮書状　典拠:大和石崎文書

【本文】

今月十九日御札同廿二日美州到来、条々委細承候畢、抑当庄年貢絹両分事、経御沙汰雖可仰上裁候、以折中之法、四丈別可為四両三分之旨、書出相互状候之上者、不可有異儀候之処、今又如此相違之条不可然候、於蔵人所斤者、銭百文者相当八両二分事、無其隠候、而十二文橋之由、衆徒嗷々被申候覧事、存外次第候、已二分違目候哉、雖然和与子細披露奉行所候畢、依少事、無其義候事、非本意候之間、和与状書替令進之候、明春上洛之時、申御下知、可令先度状返進之候、恐々謹言、

「弘安三」十二月廿三日　沙弥迎蓮（花押）

謹上　法橋御房御返事

【分析】

「披露グループには「披露」「露顕」「風聞」「洩聞」「人皆知レ之」「無ニ其隠一」の六語が属している。その中で、「無ニ其隠一」は『日本国語大辞典』第二版及び管見の範囲の古辞書にも掲載がないため、鎌倉遺文一四二二二号文書を分析してみる。鎌倉遺文一三六七五号と一四二一四号が関連文書である。一三六七五号文書は、弘安二年、美濃国茜部荘の地頭代である迎蓮の陳状案である。その冒頭部分を引用する。「美濃国茜部荘地頭代沙弥迎蓮〈俗名頼広〉重陳申／欲早被停止東大寺学侶等無理越訴、任御下知旨、可令沙汰年貢由、被仰下子細事、／件子細、載先度陳状、委細令言上畢、而如重訴状者、越訴之趣、委申開之間、可明申之由賜召文〈云々、取詮、〉此条、学徒等就訴申子細、去年閏十月比被召決両方之刻、云訴陳違目、云問答道理、為顕然之間、被成御下知了、而称奉行人之非拠、企越訴之条、難遁罪科者哉、且此事於二番御引付、被経御沙汰之間、非見（迎カ）蓮一人、云上衆、云自余奉行人等、皆以所被存知也、（後文省略）」右の文書から、美濃国茜部荘の地頭代、沙弥迎蓮が、年貢をめぐり、東大寺学侶と、弘安元年から訴訟沙汰を起こしていたことが分かる。鎌倉遺文一四二一四号は、弘安三年十二月十四日に、地頭代迎蓮と雑掌慶舜の間の和与状である。「和与／美濃国茜部荘請所年貢絹両分相論事／合佰壱疋者〈肆丈別可為肆両参分、但除絓絹、蔵人所斤定、銭拾弐文橋也、〉／右、雑掌者、肆丈別可為伍両弐分之由訴之、地頭者、可弁参両弐分之旨陳之、爰経御沙汰、雖可仰上裁、且存和与之儀、且以析（折）中之法、肆丈別以肆両参分美絹可致弁〈但除絓絹定、〉也、於寺家納所蔵人所斤者、銭拾弐文橋也、為満足両分、令致奸謀之沙汰者、可有其科、仍為止後日之煩、和与之状如件、／弘安参年十二月十四日　地頭代沙弥迎蓮（花押）／雑掌法橋慶舜（花押）」一四二一四号文書に依れば、迎蓮と東大寺は、年貢をめぐって、弘安元年から訴訟沙汰を始めた。東大寺側は、四丈あたり五両二分であると主張し、地頭側は三両二分であると主張している。そこで、二年経過した弘安三年に至って、四丈あたり四両三分の美絹を進上するという、両者の折衷案をとることにより、和解を果たしたことが分かる。一四二二二号の文書は、弘安三年十二月二十三日、つまり和解した直後に、地頭代である迎蓮が、慶舜宛に出した書状である。「弘安三年十二月十九付けのあなたの御手紙は、同二十二日に美濃に届き、そこに記された数箇条について、詳しく拝見しました。そもそも、当茜部の荘の年貢を、見絹・色代相交えることについては、しかるべき御沙汰を経た上で、幕府のお裁きを仰ぐべきですが、双方の折衷案で、四丈あたり四両三分で和解した旨、お互いに書き記して提出したからには、異論のあろうはずは無いのに、今になって、またこのように食い違った事をおっしゃるのは、不適切です。蔵人所の斤定で、銭百文が八両二分に相当することは、広く世間に知れ渡っています。それにもかかわらず、十二文橋については、東大寺の僧徒らの批判の声が大きいとお聞きし、予想外の成り行きです。既に二分の食い違いがございます。そうは言っても、和解の詳細な事情は、既に奉行所に報告しました。ささいな事により、和解の儀が無くなることは不本意でございますので、和解状を書き替えて進上致します。年が明けてから私が上洛する時に、御命令を下されて、先の和解状を返上していただきたいと存じます。」という内容である。

『消息詞』に於いて、「無㆓其隠㆒」は「ソノカクレナシ」と傍訓が施され、「披露（ヒロウ）」グループに属している。同グループには「露顕（ロケン）」「風聞（フモン）」「洩聞（モレキコユ）」「人皆知㆑之（ヒトミナコレヲシル）」の語彙が収載されている。情報について、それがどれだけ知られているか、言及する場合に使用される語彙である。

「無㆓其隠㆒」は、弘治二年本『節用集』、永禄二年本『節用集』、正宗文庫本『節用集』、天正十八年本『節用集』、饅頭屋本『節用集』、易林本『節用集』、黒本本『節用集』、『伊京集』、文明本『節用集』『色葉字類抄』東京大学文学部国語研究室蔵『伊呂波集』（仮題）、元亀二年京大本『運歩色葉集』、高橋本『色葉字』、北野天満宮蔵佚名古辞書『色葉集』（仮

題）、陽明文庫蔵『諸雑聞書』言語類、妙本寺蔵永禄二年『いろは字』、有坂本『和名集』伊路波字、猪無野本『伊呂波集』（仮題）、広島大学本『和名集』（仮題）伊呂波字、国立国会図書館蔵『色葉字尽』等等の古辞書には掲載されていないので、『消息詞』の特有語句であることが分かる。

『音訓引き古文書字典』、『古文書古記録語字典』、『古文書用字用語大辞典』『古文書用語大辞典』『古文書用語辞典』にも収録されていない。

右の分析によれば、「無二其隠一」はこの文書では「世間に知られている」の意味であると確定できる。同グループの他の語を見ると、「披露」「人皆知レ之」「無二其隠一」は「世間に知られて、何も隠し事がない」の意味であり、「露顕」「風聞」「洩聞」は「隠していたことが世間に知られたり公表される」の意味であるので、披露グループは「世間に知られる」という意味合いの語を収めていることが分かる。

第十五項　無用グループ（第75グループ）

○無用（ムヨウ）
文書番号:50542　和暦:承元2年12月　日　西暦:1208
文書名:大和永久寺定文　典拠:東京国立博物館蔵内山永久寺記

【本文】
在裏条々可致沙汰事出来之時、満山可群議、少々不可張行、又議定之間、遣一和尚諸使者、可用供僧事、山内依違事出来之時、不論大小、言上事由事、禅衆弟子無左右不可交、学衆能々可□器量事、学衆可伝受両界、禅衆可受法花、無用人数繁多、甚以無益事、毎月一日〈学衆□□尊勝陀羅尼禅衆観音経転読〉為山内安穏、可為恒例勤事、以上

承元二年十二月　日

○不中用（フチウヨウ）

文書番号：5681　和暦：仁治元年12月2日　西暦：1240

文書名：慈賢書状　典拠：華頂要略五十五上古証文集

【本文】

慈賢僧正状被仰下候之趣、殊畏悦承候畢、聖教等進納事、年来皆存知仕候者也、於今不可有改反之儀候、〻〻、而重病及数日候之間、没後事等記置候状にも、同不可依御要之有無、併所持ノ聖教法文、可進上御所之由、書置候畢、当時之所悩、自元為必死之病之由思給候へハ、拳今一拍子候はん時ハ、篋々可奉送候也、而当時も目闇魂失候畢、仍不能披見、徒安置仕て候へハ、可進納候之処、寒中尤為病身、可有其煩候之間、若万之一余命候者、明春和暖之後、可致其沙汰候也、他界之後、散々ニ取散候はん事、兼尤予儀候之処、今故被召置候事、不残余執、殊悦思給候者也、但被注下候内、故御房ニ奉決候、雑々口決等ハ、無下ニ初心ニ候し時、毎ニ事ノ次テ申上候しかハ、其仰又随宜浅近候、仍御覧不中用之条、勿論候歟、所学体も極テ恥かましく覚候者也、其外之抄記等、当時為御一見候者、明春篋て可進覧候、やかて可被召置にて候者、兼て其旨可存知候也、何様にも不秘惜之儀候、御物罷成候はん等、第一ニ心安覚候へハ、必々可進納候也、以此旨、可然之様、可令申入給候、慈賢恐惶頓首謹言、

仁治元年十二月二日　慈賢上

○不レ可叶（スヘカラカナフ）

文書番号:138　和暦:(文治2年)閏7月24日　西暦:1186

文書名:木工頭藤原範季書状　典拠:吾妻鏡文治二年八月廿六日条

【本文】

広由良庄濫妨事、折紙進上之、可令奏下給候、七条紀太丸之謀計殊勝候、尤可被処重科候也、称領家者基親朝臣云々、不知子細田舎人、猶以結構如此之狼藉候歟、以外事候、就中臨幸南山之由其聞候、彼庄相違候者、桧物具等不可叶候、年来彳田郷勤仕件役、而被建立高雄寺庄候了、雖片時可被篋仰下候歟、恐々謹言、

閏七月廿四日　木工頭範季上

【分析】

無用（ムヨウ）グループには、「無用（ムヨウ）」「不中用（フチウヨウ）」「不レ可叶（スヘカラカナフ）」の三語が属している。その中で、「不レ可叶（スヘカラカナフ）」は『日本国語大辞典』第二版及び管見の範囲の古辞書にも掲載がないため、鎌倉遺文一三八号文書を分析してみる。

木工頭である、藤原範季が書いた書状である。木工頭は、木工寮の長官に当たる職であり、木工寮は宮内省に属しており造営や各職工を支配する機関である。藤原範季は、大治五年に生まれ、元久二年に没した（1130～1205）。藤原範季は、平安時代末期から鎌倉時代初期にかけての公家であり、藤原南家の藤原能兼の子である。南家高倉流の祖、順徳天皇の外祖父にあたる。後白河法皇の近臣で、源義経を庇護し、文治二年（1186年）、興福寺に

潜伏中の源義経と接触し匿まったが、十一月に、義経を匿ったことが露見し、解官された。右の書状は、解官される四箇月前に書かれたものだと考えられる。一通の内容は、以下の通りである。「蓮華王院領である、紀伊国由良荘が、暴力によって違法に掠奪されたことについて、訴状を進上致します。院に奏請して勅命を頂戴したいと存じます。七条紀太丸の計略は、極めて手が込んでいます。最も重い罪科に処されるべきであります。領家であると称しているのは、平基親朝臣であるという話でございます。詳しいことは分かりません。田舎者は、やはり、悪だくみをして、このような無法行為を働くものでございましょう。大変困ったことでございます。とりわけ、天皇が高野山高雄寺にお出ましになられるという噂がございます。由良荘に予想外の事態が出来しましたならば、檜の調度品類等、思う通りに御準備できません。数年来、私は、伊都郡桛田郷において、その（檜の調度品類）のお役目を勤めており、（天皇は）高雄寺の荘を建築なされました。一刻も早く、御裁断の命令をお下しくだされば幸いでございます。」

文書番号一四七と一六一は、関連文書であるので、原文をそれぞれ載せる。

★文書番号:147　和暦:(文治2年)後7月29日　西暦:1186
文書名:後白河法皇院宣　典拠:吾妻鏡文治二年八月廿六日条

蓮華王院領広由良庄妨事、領家範季朝臣所進折紙証文案等如此、可被尋子細之由、内々御気色候也、仍執啓如件、　後七月廿九日／大宰権帥経房奉

★文書番号:161　和暦:文治2年8月26日　西暦:1186
文書名:源頼朝下文　典拠:吾妻鏡文治二年八月廿六日条

下　蓮花王院御領紀伊国由良庄官
　可早停止銅細工七条紀太妨事　右件御庄、停止彼細工之謀計、任　院宣、領家可令知行庄務之状如件、以下、文治二年八月廿六日

一四七番と一六一番の文書から分かるように、藤原範季の訴状について、後白河法皇が、

調査すべき由、院宣を下され、約一箇月後、源頼朝から、七条紀太丸の計略をやめさせよ、との命令文書が下された。

『消息詞』において、「不レ可叶」は「カナフヘカラス」という傍訓が施されていて、「無用（ムヨウ）」グループに属している。同グループには、「不中用」（フチウヨウ）も収められている。「不レ可叶」は、「思い通りにならない」「実現することが不可能となる」の意である。このグループの語彙は、物事の実現・遂行に当たって、何らかの不都合が存在し、困難である状況において使用される語彙である。

「不レ可叶」は、弘治二年本『節用集』、永禄二年本『節用集』、正宗文庫本『節用集』、天正十八年本『節用集』、饅頭屋本『節用集』、易林本『節用集』、黒本本『節用集』、『伊京集』、文明本『節用集』『色葉字類抄』東京大学文学部国語研究室蔵『伊呂波集』（仮題）、元亀二年京大本『運歩色葉集』、高橋本『色葉字』、北野天満宮蔵佚名古辞書『色葉集』（仮題）、陽明文庫蔵『諸雑聞書』言語類、妙本寺蔵永禄二年『いろは字』、有坂本『和名集』伊路波字、猪無野本『伊呂波集』（仮題）、広島大学本『和名集』（仮題）伊呂波字、国立国会図書館蔵『色葉字尽』等等の古辞書には掲載されていないので、『消息詞』の特有語句であることが分かる。

『音訓引き古文書字典』、『古文書古記録語字典』、『古文書用字用語大辞典』『古文書用語大辞典』『古文書用語辞典』にも収録されていない。

無用グループに属している「無用」「不中用」は「役に立たない」の意味であるが、書簡においては「或物や人が役に立たなくて、物事の実現が困難である」場合に用いられる語彙であるため、このグループには物事の実現・遂行に当たって、何らかの不都合が存在し、困難である状況において使用される語彙であることが言える。

第十六項　迷惑グループ（第84グループ）

○迷惑（メイワク）

文書番号:51541　和暦:建長5年8月　日　西暦:1253

文書名：僧慶範・玄信申状案　典拠：福智院家文書

【本文】

（端裏書）「八月廿四日申上状案」「建長五年」神鹿殺害間事、度々言上了、今所下賜武家御状披露集会之処、重評定、々行嗣幸然等卅余輩大仏参詣之次、於廻廊之内殺害神鹿之条、且白昼事候之間、万人皆以見知更無其隠候、争可諍申候乎、而行嗣等之申状、存外子細候歟、寺僧者替于神致其沙汰上者思食寺可有厳密御沙汰候之処、度々雖達申、未蒙分明之御裁報之間、迷惑仰天之外無他事候、就中、如道聖代官之状者、押立廻廊坤扉於手追鹿云々、縦為興宴一旦雖追之、不立扉、非至誠者依何可擬通綱官乎、況為殺鹿之根源、罪科尤難遁、時雖属末代、是可軽神威乎、大明神まて言乱御者、定可令告知、御冥慮誠難計者歟、所詮候、所行先絶常篇、分明承罪科有無、可存知仕由、依集会群儀、言上如件、

○進退惟谷（シンタイコレキハマル）

文書番号:26987　和暦:文保3年3月　日　西暦:1319

文書名：近江葛川常住并住人等申状案　典拠：国会図書館蔵明王院文書

【本文】

（端裏書）「文保三―三―日　葛川常住々人等申状案」葛河常住々人等重言上欲早重被触申本所、急速被召出伊香立庄山賊殺害人等、被断罪其身、被退治明王怨敵子細事、

右、伊香立庄民等、背旧規、打越往代之堺、致新儀濫妨、剰令刄傷殺害数輩住人等之間、就訴申、被経御沙汰、於堺者、任仁平行者御連署状并度々御下知等之旨、葛川預御下知雖開愁眉、至刄傷殺害輩者、于今依不被加厳誡、動及狼藉之上、近日相語諸方悪党人等、可襲来于葛河之由、結構之旨、所承及也、仍擬令防禦者、既喧嘩之基也、穏欲申子細君、彼等弥可乗勝、進退惟谷、豈明王霊現之砌、忽可成荒廃之地、尤不便之次第也、不仰行者御負贔者、住人等争可休欝陶哉、然者、早重被触申（裏書）「本所、不日被召出刄傷殺害山賊等重科人等、一々被断罪其身、為被退治明王怨敵、重言上如件、

文保三年三月　日

○失ニ東西一

文書番号：1259　和暦：（建仁元年？）　西暦：1201

文書名：某書状　典拠：東大寺図書館所蔵倶舎論第八九巻要文抄裏文書

【本文】

夜前蒙種々仰候之条、返々畏申候、彼法印入滅候□後、失東西候之処、蒙御芳□、誠可然事候歟、於自今以後者、無左右馳参候て、諸事可言上候也、輌田庄事、今度任道理不被裁断候者、花厳之学徒、申身之暇、可退散之由、一昨日衆議了候之由、只今自南都申□候也、花厳之□命□護候□

○仰天（キヤウテン）

文書番号:1978　和暦:永仁6年8月晦日　西暦:1298

文書名:大和鳴川山僧申状　典拠:東大寺文書四ノ四十六

【本文】

（折紙）鳴川山僧等謹言上

欲早被経　院家御沙汰、自東大寺、於鳴川山外円地、無跡形、令呵嘖負所米、即被立注連、令停止、難堪新議、山門安堵仕間事、

右、件子細者、彼河上者段別三升米、自古付来者歟、而此鳴川田地者、自往古以来三升米、尚都以無其沙汰之処、剰巨多負所、始被譴責之間、仰天無極、令迷惑者哉、雖無先蹤、沽弱之山僧等申旨、未開歟者、早院家以急速御沙汰、無先例、任道理、令停止新議給者、弥仰憲政之貴、増欲抽　御祈祷之忠、仍粗言上如件、

永仁六年八月晦日　鳴川山僧等上（折返端書）

○胡尾失歩（コヒウシナフアユミツ）

文書番号:12816　和暦:建治3年8月15日　西暦:1277

文書名:山城笠置寺牒　典拠:東大寺文書四ノ九十二

【本文】

（端裏書）「笠置寺返牒力命殿申建治三八十六到」笠置寺返牒　東大寺衙

来牒一紙〈被載児童殺害下手人可加治罰状、〉

牒送之趣披覧之処、晋退迷度、胡尾失歩、矧当寺僧侶近曽親拝温顔、直承芳言、一日三秋之恨、暦生不可忘、拾謁再会之悲、送切不可尽、不持牒送、致淵重之処、幸蒙催促、豈黙止哉、早点進発之定日、可廻治罰之思慮矣、衙察状、勿及疑殆、以牒、

建治三年八月十五日　笠置寺衆徒返牒

○惘然（ハウゼン）

文書番号:3871　和暦:（寛喜元年）9月14日　西暦:1229

文書名:大納言源定通書状　典拠:民経記寛喜元年九月十三日条

【本文】

去夜仗議、日比咳病所労無術候之間、依重召惘然令参候、康平勘文事、随分さりともと覚候て、被召候了、御辺之外、一切無愧存之方候、一顧之□已空、呉坂之驢、徒老候了、無詮世候歟、毎事必々心閑見参大切候、御近隣之由承候、弥自愛入候、平野北野行幸記引見可進候、古記ハ別記家々略候物候、有無不審候、如此仰、殊以慥存候、諸家記等ハ無下ニ狭少候、三史十三経以下、一世家、大平広記、御覧、広博、通鑑、随分嗜持候、若入事候者、不憚可被召候、為如然候、毎事難尽紙上候、謹言、

九月十四日　定通

【分析】

迷惑（メイワク）グループには、「迷惑（メイワク）」「進退惟谷（シンタイコレキハマル）」「失二東西一（ウシナフトウサイヲ）」「仰天（ギヤウテン）」「胡尾失歩（コヒウシナフアユミヲ）」「惘然（ハウゼン）」の六語が属している。その中で、「失二東西一（ウシナフトウサイヲ）」は『日本国語大辞典』第二版及び管見の範囲の古辞書にも掲載がないため、鎌倉遺文一二五九号文書を分析してみる。「昨晩は、種々

お言葉を頂戴し、返す返す恐縮至極に存じます。かの法印が亡くなりましてからは、途方に暮れておりましたところ、有り難いお言葉を頂戴しましたこと、誠に相応しい御配慮でございます。今より後は、あなた様のもとに、躊躇無く参上して、万事申し上げたいと存じます。鞆田の荘の事は、この度、正しい道理に則って裁断が行われないならば、華厳宗の学徒達が、暇をもらい、それぞれ寺を立ち退くことを、一昨日、皆で評議した旨、ただ今、奈良より申し伝えて来ました。」という内容である。

『消息詞』において、「失二東西一」は、「トウサイヲウシナフ」と傍訓が施されており、「迷惑（メイワク・ヘイコク）」グループに属している。同グループには、「進退惟谷（シンタイコレキハマル・フルマウ・ノヘシ、ム）」「仰天（キヤウテン）」「胡尾失歩（コヒアユミヲウシナフ）」「惘然（ハウセン・ホル）」等の語彙が存する。このグループは「不慮の出来事等により、困惑した窮状に陥っている状況」を表現する語彙である。

「失二東西一」は、弘治二年本『節用集』、永禄二年本『節用集』、正宗文庫本『節用集』、天正十八年本『節用集』、饅頭屋本『節用集』、易林本『節用集』、黒本本『節用集』、『伊京集』、文明本『節用集』『色葉字類抄』東京大学文学部国語研究室蔵『伊呂波集』（仮題）、元亀二年京大本『運歩色葉集』、高橋本『色葉字』、北野天満宮蔵佚名古辞書『色葉集』（仮題）、陽明文庫蔵『諸雑聞書』言語類、妙本寺蔵永禄二年『いろは字』、有坂本『和名集』伊路波字、猪無野本『伊呂波集』（仮題）、広島大学本『和名集』（仮題）伊呂波字、国立国会図書館蔵『色葉字尽』等等の古辞書には掲載されていないので、『消息詞』の特有語句であることが分かる。

『音訓引き古文書字典』、『古文書古記録語字典』、『古文書用字用語大辞典』『古文書用語大辞典』『古文書用語辞典』にも収録されていない。

あらためて、迷惑グループの所属語をみると、「迷惑」「進退惟谷」「胡尾失歩」は「急な出来事で困惑する」の意味であり、「失二東西一」「仰天」は「急な出来事でびっくりする」の意味である。当グループは、「急な出来事で困惑する、或いはびっくりする」という意味合いの語を収めていることがわかる。

第十七項　御祈グループ（第88グループ）

○御祈（オホンイノリ）
文書番号:3263　和暦:貞応3年後7月6日　西暦:1224
文書名:宗全書状　典拠:山城神護寺文書

【本文】
（端裏書）「（切封墨引）深勝御房宗全」
今日可登山之由、存候之程、皇后宮御祈之間事、沙汰候とて、俄指合候て、延引候了、為
御不審、申候也、恐々謹言、
後七月六日　宗全

○祈請（キセイ）
文書番号:3110　和暦:貞応2年5月　日　西暦:1223
文書名:宇佐公仲寄進状案　典拠:豊前到津文書

【本文】

敬白　奉寄　蕗浦阿弥陀寺　在田染庄内末久名田畠并用作糸永放田壱町伍段荒野
右、当寺者、是累代之祈願所、攘災招福之勤于今無懈怠、而料田不幾、其勤莫太也、仍件田畠等重所令奉免也、永為不輸之地、致天長地久当宮繁昌之祈請、勿令退転、故所令奉寄如件、敬白、

貞応二年五月　日　大宮司正五位下宇佐宿祢□

○祈禱（キタウ）

文書番号:4428　和暦:（貞永元年カ）12月29日　西暦:1232
文書名:尊性法親王書状　典拠:山城真経寺所蔵法華経裏文書

【本文】

昨日申入候御願間事、社家切要事者、自先師実全之時所注置候文書披見候之処、廻廊之外郭、空荒之地候之間、鳥大狼藉、穢物之疑連々不絶、此条神事違例、社家之大歎候、仍如此注指図、先院御時粗雖伺、不及御沙汰候き、然者今度仮殿数日御経廻、神慮難測候、相構被終造営不日之功、外廓築地なと、如今図弘御所候者、定相諧神慮うへ、此条先第一之御祈祷候歟、別御願可候者、此上造営厳重之後、可有御臨幸なと可被令申候歟、法皇多年御練行之跡　造修殆相済候、此条神慮物忌、たゝへ被思入候歟、行幸之儀□夫候、本社之例を被令申候事、□□候乎之旨相存候、以此等之趣、可令洩　奏聞給、尊性頓首謹言、

十二月廿九日　尊性上

進上　新宰相中将殿

○祈念（キネン）

文書番号:27139　和暦:（元応元年?）3月晦日　西暦:1319

文書名：金沢貞顕書状　典拠：金沢文庫文書

【本文】

貞将官途事、面目之至、令自愛候、依此事入御者、不思寄候、以御使示給候、恐悦候、兼又彼雑談事、誠如所存候者、本懐候、能々可有御祈念候、毎事御神事以後、可参申候、恐惶謹言、

三月晦日　貞顕　方丈御報

○懇祈（コンキ）

文書番号:32316　和暦:元弘3年6月　日　西暦:1333

文書名：近江観音寺衆徒等軍忠状　典拠：近江観音寺文書

【本文】

「一見了、（花押）」

近江国伊福貴山観音護国寺衆徒謹言上欲早依義兵頓成大功、且任御願成就懇祈、被経御奏聞、被寄附料所於当寺子細事、

右、当山者、為　天智　仁明之御願寺、天下泰平之御祈祷所也、爰去五月六日五宮所被成下令旨語、〈取詮〉、且抽御祈祷之丹誠、且可致合戦之忠勤云々、然間、令参上于大平寺、云城郭結構、云警固忠労、旁致勤厚之処、同九日為誅罰凶徒被挙御幡之剋、練行之老体者参詣仏前、而抽御祈祷之懇念、武勇之若輩者、馳向馬場、致戦功之条、大将軍御見知之上者、不及子細、加之、嘉暦第二之孟春、自下賜　中宮令旨以来、殊奉祈　御願、多年云彼云是、労功非一、然今幸奉値　明主御代、相叶朝用者、嘉祥時至者歟、若漏今新恩者、仏

法再興又期何時、早被経経御　奏聞　預恩賞者、弥仰　聖徳之貴、増為励御祈之誠、粗言上如件、

元弘三年六月　日

○抽(ヌキイツ)ニ丹(タン)誠(セイツ)一

文書番号:51754 和暦:正応4年3月18日 西暦:1291

文書名：豊後六郷山円位書状写　典拠：肥前島原松平文庫文書

【本文】

「六郷山大菩薩開基以来養老弐戊午ヨリ文禄二年迄八百七六年也、」同月　小城山　仁王講百座

右、任関東御教書并守護所施行、於六郷山権現大菩薩之菩薩之霊場、抽丹誠、勤修上件経王行法、□祈精公家・将軍家御息災安穏、殊異国征伐之由、伏如件、謹言、

正応四年三月十八日　六郷山執行兼権別当円位

【分析】

御祈(オホンイノリ)グループには「御祈(オホンイノリ)」「祈請(キセイ)」「祈禱(キタウ)」「祈念(キネン)」「懇祈(コンキ)」「抽(ヌキイツ)ニ丹(タン)誠(セイツ)一」の六語が属している。その中で、「抽(ヌキイツ)ニ丹(タン)誠(セイツ)一」は『日本国語大辞典』第二版及び管見の範囲の古辞書にも掲載がないため、鎌倉遺文五一七五四号文書を分析してみる。正応四年（一二九一）三月十八日に、六郷山の執行にして権別当を兼ねる円位が出した書状である。「六郷山」は、「六郷満山」とも呼ばれて、国東郡六郷に百を越える大小の山丘寺院の集合体を指している。六郷山は、本山、中山、末山という三山から成り、執行によって統括され、さらに執

行を補佐する役として権別当が設置されていた。権別当は三人置かれ（三山の各山を代表した可能性がある）、執行も権別当職を兼務することが多かった。右の書状の差出人である円位も、執行と権別当を兼務していた。「」（鉤括弧）内は、文禄二年に書き込まれたと覚しい別筆書き入れであり、「六郷山の寺が、養老二年に創立されて以来、文禄二年まで、八百七十六年の歳月が経過している。」と説明されている。元の一通は「同月、六郷山小城山宝命寺、仁王講百座（仁王経の護国品に、百の高座を設け、百人の法師を招請して、仁王経を講ずれば、国家は安泰である、と説かれているところから、古来、護国安泰を祈請して行われた大法会）の事。右、将軍家の御教書（奉書）、ならびに、守護所の御命令に従って、六郷山権現大菩薩の霊場において、一意専心、上の仁王経の修法をおさめ、同時に、天皇・将軍家の息災安穏、特に、異国征伐の成功を祈願致しましたこと、前記記載の通りでございます。」という内容である。

「抽二丹誠一」は、『消息詞』において、「タンセイヲヌキイヅ」という傍訓が施されていて、「御祈（オホンイノリ）」のグループに属している。同グループには、「祈請（キセイ）」「祈禱（キタウ）」「祈念（キネン）」「懇祈（コンキ）」等の語彙が収められている。このグループは、「ある事の実現を願って、心をこめて祈願する」場合・状況において使用される語彙であると考えられる。

「抽二丹誠一」は、弘治二年本『節用集』、永禄二年本『節用集』、正宗文庫本『節用集』、天正十八年本『節用集』、饅頭屋本『節用集』、易林本『節用集』、黒本本『節用集』、『伊京集』、文明本『節用集』『色葉字類抄』東京大学文学部国語研究室蔵『伊呂波集』（仮題）、元亀二年京大本『運歩色葉集』、高橋本『色葉字』、北野天満宮蔵佚名古辞書『色葉集』（仮題）、陽明文庫蔵『諸雑聞書』言語類、妙本寺蔵永禄二年『いろは字』、有坂本『和名集』伊路波字、猪無野本『伊呂波集』（仮題）、広島大学本『和名集』（仮題）伊呂波字、国立国会図書館蔵『色葉字尽』等等の古辞書には掲載されていないので、『消息詞』の特有語句であることが分かる。

『音訓引き古文書字典』、『古文書古記録語字典』、『古文書用字用語大辞典』『古文書用語大辞典』『古文書用語辞典』にも収録されていない。

右の分析によると、このグループには「心を込めて神様に祈る」という場面に使用する語彙を意図的に集めていることがわかる。

第十八項　無隔心グループ（第90グループ）

○無ニ隔一心

文書番号:27492　和暦:（元応2年カ）5月27日　西暦:1320

文書名:京極為兼書状　典拠:高松宮家蔵

【本文】

後拾遺之時、故大納言入道殿御札等間事、御不審之趣示了、自故民部卿入道殿、勅撰口伝故実等、奉伝受候、其時者、秘書等事、預御尋候趣、慇懃之次第、御自筆分明候、如先度令申候、彼故実以下、故民部卿入道殿令授之給、于時為相朝臣令所持文書等、無隔心可見之、至撰集之口伝故実以下者、彼朝臣成人之時、又可授之由、慇懃被仰置事候、此条今更自称、故阿仏房尼ハ、対諸人令披露候き、彼朝臣又此趣令存知事候歟、如此之間、撰集所望之時、令致障礙之条、於身痛存由、申許候、恐々謹言、

五月廿七日　為兼

○不レ隔ニ繊芥一

文書番号:8693　和暦:弘長元年7月28日　西暦:1261
文書名:憲深附法状　典拠:山城醍醐寺文書

【本文】

（表題）「附法状　報　蓮二代」（押紙）「憲深僧正附法状」
当流相承事、先師僧正〈成賢〉専為正統、愚身雖不肖、即受彼深奥、已当法灯之仁、爰蓮蔵院僧正為先師入壇之資、面令伝受諸尊瑜伽、深依有求法之志、憲深又以実深□嫡□、所令附法写瓶也、仍大法・秘法・秘事・口決等、悉奉指授之条、不可有疑、無御違約事者、向後弥無繊芥之隔、一事不可残者也、更不可有御不審之状如件、
弘長元年七月廿八日　前権僧正（花押）

○無ニ内外一

文書番号:18090　和暦:(正応5年?)2月1日　西暦:1292
文書名:沙弥寂一書状　典拠:薩藩旧記前編七伊作久長譜

【本文】

雖未入見参候、自小嶋入道殿、慇懃ニ蒙仰候之間、無左右令申候、御名国司事、関東御教書正文を、六波羅殿入見参候て、以奉行人被進　公家候之条、御沙汰法候、以案文申沙汰、無先例候、篋々請正文、御代官雖無御在京候、以下部給候ハヽ、申沙汰仕候て、可取進聞書候、小嶋入道殿御口入上、禅門御方へ、無内外申承候之間、一切不可存等閑候、恐々謹

言、

二月一日　沙弥寂一〈『無判形』〉　謹上　下野彦三郎左衛門尉殿

【分析】

無二隔心一グループには、「無二隔心一」「不レ隔二纎芥一」「無二内外一」の三語が属している。その中で、「無二隔心一」「無二内外一」は『日本国語大辞典』第二版及び管見の範囲の古辞書にも掲載がないため、それぞれ鎌倉遺文二七四九二号文書を分析してみる。前者は、京極為兼の書状である。内容は以下の通り。「『後拾遺和歌集』勅撰の時、撰者である、故大納言入道殿（藤原為家。為兼の祖父）の、和歌の秘伝に関する文書等について、あなた様から、疑問の趣旨を御呈示いただきました。それについて、以下、御答え致します。故民部卿入道殿（藤原定家。為兼の曾祖父）より、冷泉家・京極家は、代々、勅撰和歌集の和歌の口伝・故実等を伝授致しております。『後拾遺和歌集』勅撰の時、和歌の秘伝等の事について、上皇よりお尋ねをいただきました内容、ことごとく一部始終、藤原為家御自筆であること、明らかでございます。先ごろ（延慶三年の、いわゆる延慶両卿訴陳状。訴陳の相手は為世）のように、申し立てました。その故実等は、故民部卿入道殿（藤原定家）がお授けになったものでございます。その時、為相朝臣（藤原為家の子。冷泉家の祖）が所持していた、秘伝を記した文書等は、隔て無く、嫡子でない私も、見ることが叶いました。勅撰集撰進の口伝・故実等については、為相朝臣（為家の子。母は阿仏尼）が成人された時に、また伝授すべきことを、ことごとくこまかに遺言された事でございます。この事を、今またあらためて、自ら主張するものであります。故阿仏尼（藤原為相の母）は、多くの人々に対して、我が子為相が、和歌伝授を受けるべきあることを、告げ知らせました。為相朝臣は、またこの事情を御存知のことでございましょう。このような事情ですので、勅撰集（玉葉和歌集）撰進を、伏見上皇が私に所望された時に、邪魔されたことは、極めて遺憾であります。」

「無二内外一」は鎌倉遺文一八〇九〇号文書の意味は以下の通りである。「正応六年頃の二月一日に、沙弥寂一が、左衛門の尉である下野彦三郎久長に宛てて出した書状である。一通の内容は、以下の通りである。あなた様には、まだお目に掛かったことがございませんが、小嶋入道殿から、鄭重に、宜しく取り計らうように、との仰せをいただいていますので、とやかく申す迄も無く、お手紙を差し上げる次第です。あなた様が所有される名（みよう）の国司に関する訴訟沙汰の事は、鎌倉将軍家奉書の正式文書を、六波羅探題にお目に掛け、六波羅探題の奉行人が天皇に進上するのが、裁判の規則でございます。草案を用いて訴訟することは、先例がございません。早く正式文書を受け取り、代官が都に滞在していなくとも、下級役人を派遣して頂戴なされたら、裁判の手続きを進められて、事情聴取した記録を取り、進上されると良いでしょう。小嶋入道殿が口添えされたからには、禅宗寺院の方々に、裏も表も無く公平にお話しいただきますので、全く、いい加減な気持ちで対処しているとはお思いにならないでください。」

「無二隔心一」「無二内外一」は、弘治二年本『節用集』、永禄二年本『節用集』、正宗文庫本『節用集』、天正十八年本『節用集』、饅頭屋本『節用集』、易林本『節用集』、黒本本『節用集』、『伊京集』、文明本『節用集』『色葉字類抄』東京大学文学部国語研究室蔵『伊呂波集』（仮題）、元亀二年京大本『運歩色葉集』、高橋本『色葉字』、北野天満宮蔵佚名古辞書『色葉集』（仮題）、　陽明文庫蔵『諸雑聞書』言語類、妙本寺蔵永禄二年『いろは字』、有坂本『和名集』伊路波字、猪無野本『伊呂波集』（仮題）、広島大学本『和名集』（仮題）伊呂波字、国立国会図書館蔵『色葉字尽』等等の古辞書には掲載されていないので、『消息詞』の特有語句¥であることが分かる。

『音訓引き古文書字典』、『古文書古記録語字典』、『古文書用字用語大辞典』『古文書用

語大辞典』『古文書用語辞典』にも収録されていない。

『消息詞』において、「無ニ隔心一」は、「キヤクシンナシ」の傍訓が施され、グループの代表として提示されている。同グループには「不レ隔ニ纎芥一（センカイヲヘタテス）」、「無ニ内外一（ナイケナシ）」が属している。「纎芥」は「微量の塵」の意味であり、「不レ隔ニ纎芥一」は「小さい塵もおかない」ことで、「距離を置かない」意味になる。「無ニ隔心ニ」は、「あることに於いて、隔てる気持ちがない」の意味である。「無ニ内外ニ」は、「裏も表も無く公平である」の意味である。このグループは、人間関係において、区別や差別が無く、同等・公平に扱うような状況について使用する語彙である。

第十九項　善悪グループ（第94グループ）

○善悪（センアク）

文書番号:15629　和暦:弘安8年7月　日　西暦:1285

文書名:左京大夫橘某契状　典拠:山城東寺百合文書

【本文】

（附箋）ともつくりけいしやう奉契約　安楽寿院末寺興善院領山城国拝志庄事

右、件庄者、代々御相伝私領也、而諸方兼作之土民等、於当庄許隠田代、仍被申下　院宣、然則且為被沙汰鎮庄家、有御契約之上者、早可致沙汰、但為沙汰鎮之坊、一庄於参分壱者、所和与給也、所残春分弐者、可為木主御分、且又自両方被差下使、随田畠落居之員数、於坪付者、申談地之善悪、於参分壱者、早可領知也、若背此契約、致押領之沙汰者、依違犯契約之罪科、一庄一円可為本主御分、其時更不可及訴訟、仍為後日契約之状如件、

弘安八年七月　日　左京大夫橘朝臣（花押）

○勝劣（ショウレツ）

文書番号:65　和暦:（文治2年3月2日?）　西暦:1186

文書名:大仏師成朝申文　典拠:吾妻鏡文治二年三月二日条

【本文】

南京大仏師成朝言上　興福寺御仏等早被停止他仏師任相伝理一向成朝可奉造営事件大仏師職者、成朝先師相承連綿無絶、所謂定朝・覚助・頼助・康助・康朝等也、先祖五代之間、覚助・頼助等之時、御寺雖有炎上事、乍置大仏師、他人全無令勤仕御仏等、況彼覚助・頼助凡僧之間、奉御仏造営事、御供養之時、昇綱位畢、今成朝任相伝例、可奉造営之処、他仏師等各々致濫望、面々令奉仕、愁歎之至、無物取喩、是則故平家時、就其所縁申請之故也、但其中雖有号定朝弟子之輩、更不可比肩於茲成朝、云重代云器量、採用之処、誰謂非拠、無其骨者、不可訴申、当時御仏奉仕之輩、被尋勝劣、無其隠歟、早任先師相伝理、如申請、被停止他仏師等、成朝一向可奉造営御仏之由、欲被仰下、就中、東金堂御仏等、成朝守宣下勤仕之処、依奉造営鎌倉殿御堂御仏、成朝白地下向関東之間、院性致所望令勤仕云々、事若実者、其恐不少、任道理被裁許者、弥知正理不朽矣、仍大概勒在状、言上如件、

○優劣（イウレツ）

文書番号:6473　和暦:寛元3年4月29日　西暦:1245

文書名：東寺金堂阿闍梨定置状　典拠：山城高山寺文書

【本文】

東寺金堂可寄置阿闍梨五口、任定額巡労次第、令挙補事、

右、自今月十三日蒙　綸旨、於当寺講堂始行仁王経法、即優七日勤修之労、早賜五口闍梨之職、倩思我君之恩賞、豈非祖師之冥助乎、今之旨趣、重不報賽、凡当寺之内、諸堂皆被寄此職、金堂未有此事、崇重之儀、頗似忘本、仍以此五口併置此一堂、専守潅頂院之例、可募定額僧之労、明勘巡労之優劣、莫乱次第之転補、但同時抽補五口者、非職定額所残已少、雖思興隆、争無予議乎、依之、先当時一﨟﨟公鏡挙補之、其余四口令補非定額輩畢、於自今以後、一向為定額之所期、永代可止他人之補任、寺家深存此趣、後輩不可違越、仍所定置如件、

寛元三年四月廿九日　　都維那法師「聖祐」　　検校法務前大僧正（草名）

長者僧正　　権僧正

○吉凶（キッケウ）

文書番号:27066　和暦：（元応元年）6月18日　西暦:1319

文書名：春勝書状　典拠：国会図書館蔵葛川明王院文書

【本文】

御所中無殊御事候、東方使者御事、粗承及候、山門事、おろ々々聞及候歟、吉凶尤難仕候、当門跡御使も、近日可被下候由、沙汰候歟、抑当寺修治事、申状等給候了、即付玄忠法印候了、殊可申沙汰候、□□□□□候、恐々謹言、

「元応元」六月十八日　春勝

○安危（アンキ）

文書番号:10307　和暦:文永5年10月11日　西暦:1268
文書名:日蓮書状　典拠:日蓮聖人遺文

【本文】

謹令言上候、抑正月十八日、西戎大蒙古国牒状到来、日蓮先年集諸経要文勘之、如立正安国論、少不違普合、当日蓮聖人一分、知未萌故也、然間重而奉驚此由、急止建長寺・寿福寺・極楽寺・多宝寺・浄光明寺・大仏殿等御帰依、不然者重而又自四方可責来也、速調伏蒙古国人、而令安泰我国給、被彼調伏事、非日蓮不可叶也、諫臣在国則其国正、争子在家則其家直、国家安危在政道直否、仏法邪正依経文明鏡、夫此国神国也、神不稟非礼、天神七代・地神五代神神、其外諸天善神等、一乗擁護神明矣、然而以法華経為食、以正直為力、法華経云、諸仏救世者、住於大神通、為悦衆生故、現無量神力、於一乗棄捨之国、豈善神不成怒耶、仁王経云、一切聖人去時、七難必起矣、彼呉王捨伍子胥詞亡吾身、桀紂失竜比喪国位、今日本国既奪蒙古国、山豈不歎乎、豈不驚乎、日蓮申事無御用者、定後悔可有之、日蓮法華経御使也、経云、則如来使如来所遣行如来事、三世諸仏事者法華経也、此由方方奉驚之、集一所有御評議、可預御報候、所詮、抛万祈召合諸宗於御前、決仏法邪正給、澗底長松未知良匠之誤、闇中錦衣未見愚人之失、於三国仏法分別者、在殿前、所謂、阿闍世・陳・隋・桓武是也、敢而非日蓮私曲、只偏懐大忠故、為身不申之、為神為君、為国為一切衆生、所令言上也、恐恐謹言、

文永五年戊辰十月十一日　日蓮花押　謹上　宿屋入道殿

○興廢（コウハイ）
文書番号:8842　和暦:（弘長2年）閏7月4日　西暦:1262
文書名:道隆蘭渓書状　典拠:肥前円通寺文書

【本文】
自建長相別候之後、千余里之遙、常不申候事、非本意候也、抑、前年、自宿屋入道、以葦屋寺於建寧寺ニ寄進候了、此二三年之間、愚懐所存ハ、構高僧一人、為彼住持、為仏法興隆候、若非御辺候者、彼処不能興候、相構為末世衆生、請為彼寺住持候者、定道俗帰慕之志、無有絶時候、三間寺ハ又常往来御覧候者、在彼在此、併為建立事候、葦屋寺当時ハ暫令行者、大光看管、御辺若受請来臨候之後、世間出世、一向可有御沙汰候、猶々寺中有無興廃事、但常御文給候、一切可随仰候、何事々々紙上不能尽申候、恐々謹言、
（弘長二年）閏七月四日　建寧寺道隆（花押）
三間寺弁兄蔵主禅師

○興衰（キョウ）
文書番号:18733　和暦:永仁3年正月　日　西暦:1295
文書名:播磨大部荘百姓等申状　典拠:東大寺文書四ノ二十五

【本文】
大部庄百姓等重言上　為志深保雑掌繁昌率数多悪党、帯弓箭兵杖、打入当庄百姓家内、資財米穀牛馬振数依被奪取、土民侘冊、御領滅亡間、被経急速御沙汰、且為土民安堵、被糺返彼追補物、且為向後傍輩、可被申行罪科旨、度度雖訴申、御沙汰遅引間、百姓無安堵思、

難致農業子細事、

右、匹夫謹稽旧儀、貴寺者聖代尊崇叡願、明々哲渇仰勝地也、閻浮無又伽藍、陽谷無二宗廟也、四海安危表寺家興衰、百王理乱、顕鎮守擁護、然則、自昔至今、全無不寺訴通天聴、衆欝達聖断、就中、当庄者、以乃貢三百斛、備大仏八幡供料之間、重色異他御領、供料莫大料所也、因茲、或被成下綸旨、久止宇佐雑事、或被成武家御下知、永停守護乱入、加之、承久兵乱之刻者、依寺家御訴、於当庄者、向可被停止非法之旨、被申武家御下知畢、是則為庄家安穏土民豊饒、専農業、全公平也、而雑掌繁昌得替之刻、無是非追捕庄家、米穀資財仏底、牛馬振数奪取之、搦取百姓等妻子、擬令責殺、押取銭貨之間、凡百姓之侘冊、言語道断之悪行也、仍捧秋歎之状、度度雖令言上子細、于今御無沙汰之条、難堪無極也、種子食物、一粒雖不残之、或交山林、拾木菓活命、或馳走東西、奚世途、依難離先祖、纔雖可期東作之節、彼悪行無御炳誡者、後輩定積習之上者、如何成安堵思、致農業之励、求木之茂者、必固其根本、欲流之遠者、必凌其泉源、求土貢之多者、先安庄家、欲供料之全者、須専農業、御領牢籠、何企東作、土民衰弊、争備御年貢、繁昌依致悪行、地下及侘冊、供料闕如之条、今既眼前也、是豈非御領退転、朝家之不忠哉、尤可足明察、然者、急速被経御沙汰、被加厳重炳誡、欲被糺返彼追捕物、見覆前車之為後車之誡、御沙汰有緩怠者、後輩争懐懲粛之思、自今以後者、永停癈先雑掌等余類并近隣悪行之仁等、補正直憲法之仁、欲蒙撫民之御裁許矣、仍重上如件、

永仁王年正月　日　大部庄百姓等

○雲泥（ウンテイ）

文書番号:31721　和暦:元弘2年3月　日　西暦:1332

文書名:内宮祠官申状　典拠:詔刀師沙汰文

【本文】

諸国参詣輩等所捧御幣物、抑留当宮分条、神慮有恐子細事、
右、称三姓氏人者、大中臣・荒木田・度会是也、仍中氏者、掌天神地祇祠職、為三氏之上臈、兼二宮之拝趨者也、爰正権祢宜、内官者荒木田、外宮者度会氏、各居一宮奉仕之識、全無両宮兼行之法、然間、王侯卿相被奉献幣帛之時、二宮御祈祷師令奉幣者例也、関東将軍家・相州刺史以下大名、又以同前也、而以諸国参詣貴賤幣物、外宮祠官職掌人等一向抑留而令拝領之条、神慮有恐、且離当氏之人難啓白之故也、因茲、彼宮氏人等者、銭帛充蔵、酒菓堆案、貧富雲泥、可謂勿論者歟、自今以後者、分幣帛於内外宮、可遂神拝之由、被下御下知者、瑞籬風前弥儼礼奠斎屋露底益均慈恵、凡処々権社官等、各憑諸檀之力、令継累葉之業、何限于当宮、不申達理途哉、然早停止二宮相乗非儀、分詔刀師於内外宮、為蒙平均神慮、言上如件、

元弘二年三月　日

○懸隔（ケンカク）

文書番号:11109　和暦:（文永9年）9月　日　西暦:1272

文書名:出雲鰐淵寺衆徒等言上状案　典拠:出雲鰐淵寺文書

【本文】

当年大社御神事延引、社家結構、宮中狼藉之間、依及数日之沙汰、三月二日・三日弐日御神事、同卅日一日遂行、先代未聞事候乎、抑大般若布施物事、古今不法、天地懸隔之間、去建長年中之比、頭役御勤仕之時、衆徒任先例、可有改御沙汰之由、依訴申、即申下御點

工、奉任神慮、被定置之後、経年序畢、当国御代官在国司、号関東御下知、被滅布施物了、此条、於結番注文者、布施物脱其色目、全所不被仰下也、既依御駈工定候事、異他候者乎、仍寺解進覧之、且其間子細、具早申状候歟、所詮、早任御駈工例、為蒙御成敗、衆徒等誠惶誠恐謹言、

文永九　九月　日　鰐淵寺衆徒等　進上　出雲国守護館

【分析】

善悪(センアク)グループには、「善悪(センアク)」「勝劣(ショウレツ)」「優劣(イウレツ)」「吉凶(キツケウ)」「安危(アンキ)」「興廢(コウハイ)」「興衰(キヨウ)」「雲泥(ウンテイ)」「懸隔(ケンカク)」という九語が属している。このグループには、意味合いが反対である漢字で成り立った対揚語を収めてあるのが特徴である。これらの語彙は、主に事態や物事の両面を叙述する際に用いる語彙である。「善悪」「勝劣」「優劣」「吉凶」「安危」「興廃」「興衰」は、両面の状態が反対である場合に使用する語彙で、「雲泥」「懸隔」は、両面の差が大きい場合に使用する語彙である。

第二十項　往来グループ（第100グループ）

○往來(ワウライ)

文書番号:8842　和暦:（弘長2年）閏7月4日　西暦:1262

文書名:道隆蘭渓書状　典拠:肥前円通寺文書

【本文】

自建長相別候之後、千余里之遙、常不申候事、非本意候也、抑、前年、自宿屋入道、以葦屋寺於建寧寺ニ寄進候了、此二三年之間、愚懐所存ハ、構高僧一人、為彼住持、為仏法興隆候、若非御辺候者、彼処不能興候、相構為末世衆生、請為彼寺住持候者、定道俗帰慕之志、無有絶時候、三間寺ハ又常往来御覧候者、在彼在此、併為建立事候、葦屋寺当時ハ暫令行者、大光看管、御辺若受請来臨候之後、世間出世、一向可有御沙汰候、猶々寺中有無興廃事、但常御文給候、一切可随仰候、何事々々紙上不能尽申候、恐々謹言、

（弘長二年）閏七月四日　建寧寺道隆（花押）

三間寺弁兄蔵主禅師

○往反（ワウハン）

文書番号:388　和暦:(文治5年)後4月4日　西暦:1189

文書名:権右中弁藤原親経書状　典拠:東南院文書六ノ二

【本文】

伊賀国相論寺領事、文書正文、三綱副御消息、雖持来候、度々事切了、重勘決之条、無謂之様、寺家使申之、記録所事奉行之間、只守　宣旨状、文書事尋催候許也、重勘決無謂之由、寺家訴申之趣、記録所奉行之者、不能執申候、仍申其由候了、然而役夫工事沙汰之間、昨日有事次、申上彼子細候之処、於

記録所可勘決之由、　院宣切了、　宣下之後召正文之時、寺家尚申之条、無其謂、彼正文早尚可令進給之由、

殿下御気色候也、然者直可被付記録所候也、給預此家之条、往反之間落失有恐、仍如此令申候也、被付文書了者、早可承其由候、可簾勘之由可下知候、此由先日即令申御使候了、

定令執申候歟、恐々謹言、

後四月四日　権右中弁（花押）

謹上　東大寺法印御房

○往行（ワウキヤウ）

文書番号:30361　和暦:嘉暦3年8月27日　西暦:1328

文書名:太神宮検非使注進状　典拠:公卿勅使参宮日記

【本文】

使等　言上磯部寺闘殺間及触穢否事、

右、今月廿六日酉刻奉書、磯部寺闘殺間、及触穢否、沙汰之処、横知住人安芸房、令入彼寺内之由、令申之旨、有其沙汰云々、不改時刻、相尋彼安芸房、可申上之旨、所被仰出也、早不替時、致尋沙汰、可令申上者、任其旨、重向在地、致尋沙汰之処、安芸房弘喜申云、去十八日、於五相□磯部寺、有合戦之由、就承知、為見物罷向畢、而磯部寺仁城篭軍兵共、分散之後、数百人見物衆等、令入磯部寺、云城郭、云死人、見之由令申歟、但其後、何方又令往行哉之由、相尋之処、弘喜申云、十八日仁令入磯部寺由、見物之後、同廿日、相向船津次郎大夫許、合戦之次第再三物語申支、即罷向石坂長福大夫許之処、賜与飯之間、令食用畢卜申之、抑致沙汰之次第、注進言上如、以解、

嘉暦三年八月廿七日　使検非違使新家定弘〈裏判〉　定興〈裏判〉

○上下向（シヤウケカウ）

文書番号:3480　和暦:嘉禄2年4月20日　西暦:1226

文書名:関東下文案　典拠:近江山中文書

【本文】

下　山中中務丞俊信所　可令早任　宣旨、致鈴鹿山守護領知近江国山中事、
右、今年三月十日被下　宣旨語、為伊勢太神宮奉弊使上下向・斉宮郡行・公卿以下往還、
可差置鈴鹿山警固云々者、早任俊直例、為彼職、可鎮盗賊難之状、所仰如件、以下、
嘉禄二年四月廿日　武蔵守平朝臣〈在判泰時〉相模守平朝臣在判

○上洛（シヤウラク）

文書番号:141　和暦:(文治２年)後７月２６日　西暦:1186
文書名:玄厳書状　典拠:東大寺文書四ノ五十三

【本文】

(端裏ウハ書)「寺主御房玄厳」雑役免預所ハ誰人哉、当時祇候事なとも申候ハむなと申候、此間住京之由申候了、定又出来候哉、六借候物かな、早召□給候也、御上洛之後、何事候哉、条々御沙汰、何様にか罷成候覚、不当無極候、只今、廿六申刻、官使二人興福寺中綱一人出来、野宮柴垣役切符持来、雑役免加納三百八十余町々別五寸定、雖然任先例已有免除御沙汰、仍切符不請取之由申了、但已被出其切符了、免到来以前ハ官使之祇候、尚可候之由申候、以外六借申候也、仍其為差専使令申上候了、奉行弁御許、殊令尋申給て、免除可候者、早其御教書令申被給候歟、可令察給也、御下向何日哉、恐々、
後七月廿六日　玄厳　寺主御房

○歸洛（キラク）

文書番号:1253　和暦:（建仁元年？）１１月２３日　西暦:1201
文書名：聖玄書状　典拠：東大寺図書館所蔵具舎論第八九巻要文抄裏文書

【本文】

筆ハ逐可令買進候也、弁公表袴事、重々申候也、罷上候之処、何事候哉、抑関東へハ、一
定廿六日ニ罷下候也、帰洛之間、御祈念可候、津々しみて可御候也、三十講御出立間事も、
大進得業能令申付候了、雖何事、可有御尋候也、抑関東へ可迎事共之間ニ、所くらにも所
罷入候、其御剣袋ニ入て可給候也、不罷入ハ可持帰候也、此条成望する事、誰人にも可被
祈候也、毎事又々白是可申候也、謹言、
十一月廿三日　聖玄

【分析】

往来グループには、「往来」「往反」「往行」「上下向」「上洛」「帰洛」の六語が属している。その中で、「往反」は「ワウヘン」と読み、「反」と「返」は通用関係であるため、「往反」は「往復する」の意味になる。したがって、「往来」と「往反」は「ある行き先に行ったり来たりする」という共通義がある。同じく、「往」で始まる単語である「往行」は「ある場所を通過する」意味になる。「上下向」は、「上京と下向する」の意味で、「上洛」「帰洛」は「上下向」の意味を二つに分けたものになる。この三語は「都に行くか都から来る」の意味で、「都が動作の始点或いは帰着点になる」のが共通点である。

往来グループには、「行くと来る」の場面に用いられる語彙を収めている。その中で、前半の「往来」「往反」「往行」は、「行き先或いは動作の始点が定かではない」のに対して、後半の「上下向」「上洛」「帰洛」の三語の動作は、全部「都」と関係性を持っている。

前半の二語は、主に「行ったり来たりする」という場面に用いる類義語関係の語彙であるため、往来グループに纏めるのも当然なことだが、「上下向」と「上洛」「帰洛」は類義語関係ではないし、それに「上洛」と「帰洛」は意味用法が反対になる語彙であるにも拘わらず、往来グループに取り入れられていることから、編纂者が「上下向」「上洛」「帰洛」三語の「行く或いは来る」という共通点に着目し、往来グループに収めたことが考えられる。意味用法が異なる語彙も意図的に一つのグループに収集するこの一例は、編纂者の「辞書編纂において、語彙の意味用法より使用場面を重要視する」という意図を証明する上でも良い証拠になり得ると考える。

第四章　『消息詞』の構造

第二章・第三章において検討してきたことから、『消息詞』に掲載された書簡・文書用語は、同じ使用場面を想定した上で、関連する意味・用法のグループ毎に分類排列されているることが明らかとなった。それぞれのグループに共通するテーマ・内容を抽出した上で、グループの排列について検討を加えると、それが無意味な排列ではなく、一定の体系をなすことに気付かされる。以下、あらためて、『消息詞』全体にわたり、具体的に述べる。

I　1グループから8グループ

1　書簡の末尾に添える語であり、「相手に送る」という以上の意味はない。
2　天皇の命令を意味する語である。
3　上皇の命令を意味する語である。
4　将軍など、不特定の上位者の命令を意味する語である。
5　書簡の末尾に添える語であるが、6グループに比べて敬意の程度が高い。
6　書簡の末尾に添える語であるが、5グループに比べて敬意の程度が低い。
7　書簡の末尾に添える語であり、返事であることを示す。
8　書簡の末尾に添えて、用件のまとめを述べる部分に使用されることが多い。

この部分は、書簡に用いる、やりとりのための決まり文句であり、末尾に使用することが多い。その普遍的な内容から、冒頭に置かれているのであろう。その中も、2、3、4が、また5、6が、それぞれまとまりをなすなど、体系的な排列を意図していることがわかる。

Ⅱ　9グループから14グループ

9　書簡の冒頭に用いる語であり、無沙汰をわびる、またいぶかしがる意を表す。
10　書簡の途中に用いる語であり、再会を期する意を表す。相手が来る場合を想定する。
11　書簡の途中に用いる語であり、再会を期する意を表す。自分が趣く場合を想定する。
12　再会に対する喜びを表す語であるが、「悦」を用いた語をまとめたまでであり、13との区別は曖昧である。
13　再会に対する喜びを表す語であるが、「感」を用いた語をまとめたまでであり、12との区別は曖昧である。
14　相手の心遣いに感謝する語である。

Ⅱも I に引き続き、書簡用語をまとめる。形式的な文句とはいえ、 I に比べて感情の交流を示す語が多く、やはり一定の体系性を有する。

I とⅡを合わせて書簡用語を網羅する意図がうかがえる。とはいえ、文書は本来、多く書簡の形態をとるため、 I Ⅱも「文書用語」の性格を共有する。したがって、15以下の「文書用語」とさほど截然と分かれているわけではない。

Ⅲ　15グループから19グループ

15　上位者からの受領を意味する。

16　上位者からの受領を意味する。15との区別は曖昧である。

17　使いに手紙を託することを依頼する語。

18　相手に物を与えること、または貸すことを意味する語。

19　相手から借りていたものを返すことを意味する語。

この部分は、授与や貸与など、物の移動に関する語をまとめており、一定の体系性が見られる。17の書簡の依頼の語も、そのような状況で使用されることが多いと判断されたのであろう。

Ⅲ以降は、何らかの具体的な行為・状況にかかわる語を収録する。いわば、社会的・経済的・政治的な人間関係に関する語であり、文書に用いられることが多い語、つまり「文書用語」であると推測される。ただし、上述のように、書簡の形式を取った文書において使用されるものである。

Ⅳ　20グループから27グループ

20　こちらの意図を理解すること、処理することを要求する、かなり重い命令の語。

21　相手の意図を理解して、実行を約束する語。

22　約束を意味する語。

23　約束の実行をうながす語。懈怠なく実行せよ、という意味合い。

24　命令の実行をうながす語。年貢の滞納を催促する意味合い。

25　約束不履行に対する言い訳の語。病気による、という意味合い。

26 約束不履行に対する言い訳の語。失念による、という意味合い。
27 命令の実行をうながす語。

この部分は、約束・命令の執行に関する語をまとめる。グループ間の意味の差や排列に、曖昧な点も残るが、全体のまとまりは明瞭である。この際の約束・命令は、文書においては、経済的な内容を意味することが多いものと思われる。

V　28グループから35グループ

28 放言悪口の行為をあらわす語。
29 誹謗中傷の行為をあらわす語。
30 過失をあらわす語。
31 被害者の心境をあらわす語。
32 刃傷沙汰を意味する語。
33 窃盗行為を意味する語。
34 逮捕・取り調べを意味する語。
35 悪事を広く意味する一般的な語。

この部分は、刑事事件的な悪事、犯罪行為を意味する語と、それに関係の深い語で構成されている。Ⅳに暗示される経済的民事的な、約束不履行のような状況も、容易にⅤのような状況に展開するため、このように排列されているのであろう。

Ⅵ　36グループから43グループ

36　虚言・不実な証言を意味する語。訴訟の際に、原告と被告双方が、相手の主張を非難するために使う語である。多くは訴状の冒頭に用いられる。
37　訴訟の種類をあらわす語。
38　道理を意味する語。裁判における論難の際に使われる。
39　非道を意味する語。裁判における論難の際に使われる。
40　論難を意味する語。および、論難に関する語。
41　**裁判の判決を意味する語。**
42　天皇の下す判決を意味する語。
43　院の下す判決を意味する語。

この部分は、裁判に関係するグループをまとめている。訴状や論難で使用する語である。大まかではあるが、訴訟から判決まで、といった時間軸に沿って排列されている。Ⅴに続いて置かれている理由は明らかであろう。

Ⅶ　44グループから50グループ

44　年貢を払わず、抵抗・逃散することを意味する語。
45　罪科の重さに関する語。
46　権利剥奪を意味する語。判決文において、重罰として使用される。
47　罪科の種類に関する語。
48　処分としての追放を意味する語。
49　無罪と判断して放免することと意味する語。

50　寛大な処置で許すことを意味する語。

この部分は、Ⅵをうけて、刑事関係の裁判の判決に使用される語をまとめたものと理解される。

Ⅷ　**51グループから62グループ**

51　役職の軽重を意味する語。

52　このグループの意味は曖昧であるが、書簡の相手を賞賛するために使用される語であるとも推測される。

53　このグループの意味は曖昧であるが、書簡の相手に認められたいという文脈で使用される語であるとも推測される。

54　自分の希望を述べるための語。

55　自分の願望が成就することを希望するという文脈で使われる語。

56　自分の事情を細かく述べるための語。

57　自分の事情を細かく述べるための語。否定詞をともなって用いられる。

58　先例に関する語であるが、自らの依頼を述べる文脈で使用するものと思われる。

59　願望が成就した際の喜びを意味する語。

60　力添え、推挙を意味する語。

61　相手の好意を意味する語。

62　計略を巡らすことを意味する語。相手にそう行動することを依頼するという文脈で使用する。

この部分は、権力者にあてた書簡において、官職を求めるなどの依頼をする場合に、使用されやすい語を集めたものと理解できる。

Ⅸ　63グループから67グループ

63　全体の主旨を表す語。
64　上奏を依頼するための語。
65　自分の事情あるいは感謝を述べるという意味の語。
66　自分の事情に対する理解を求める語。書簡のまとめに使う。
67　自分の事情を無視してくれるなと念を押す語。書簡のまとめに使う。

この部分は、第Ⅷグループを受けて、権力者にあてた書簡において、官職を求めるなどの依頼をする場合に、書簡のまとめに使用されやすい語を集めたものと理解できる。

Ⅹ　68グループから89グループ

68　自分が正当であることを主張するための語。
69　ある事柄が秘密であることを述べる語。
70　ある事柄が自明であることを述べる語。
71　民事訴訟の議論を意味する語。
72　議論の結果が明白であることを述べる語。
73　財務関係の不足を訴える語。
74　財政の不足による不備を訴える語。

75 財政の不足による老朽化を訴える語。
76 公物の横領を述べる語。
77 財務の必要性を述べる語。
78 財務の必要性を述べる語。
79 事情の詳細を表す語で、それは別に述べるという文脈で使いやすい。
80 相手の非常識な行為を批判する語。
81 相手の前例規則に背いた行為を批判する語。
82 審議を倉卒に行うことを心配する語。
83 審議を慎重に行うことを述べる語。
84 窮状困惑を訴える語。
85 相手の主張が不当であることをいう語。
86 土地や所職の所有権を主張する時に使う親族関係用語。
87 土地や所職の先祖伝来の所有権を主張する時に使う語。
88 訴訟の勝利を祈る意味の語。
89 訴訟に関する神仏の加護を意味する語。

財政関係の民事訴訟において、自分の正当と相手の不当を主張する時に使用されやすい語を集めた。

XI 90グループから120グループ

90 権力者との親密な関係を期待する語。
91 相手の身勝手な行為を批判する語。

92 本来の志を意味する語。

93 年貢の納入高が僅少であることを述べる語。

94 善悪をはじめとする、書状でよく使用する対揚語を列挙したもの。

95 情勢を意味する語を列挙したもの。

96 衰微を意味する語を列挙したもの。

97 個人の権勢の衰えを意味する語を列挙したもの。

98 特に優れていることを意味する語を列挙したもの。

99 滞在を意味する語を列挙したもの。

100 移動を意味する語を列挙したもの。

101 官職地位を意味する語を二点挙げる。

102 官職地位を剥奪する意味の語を二点挙げる。

103 集めた年貢を上納しないことを意味する語を二点挙げる。

104 体をなしていない状態を意味する語を二点挙げる。

105 理由や状況を尋ねる語を二点挙げる。

106 平易を意味する語を一点挙げる。

107 「追従」（後出するので、ここは衍文であろう）

108 前代未聞を意味する語。

109 驚きを意味する語。

110 「和讒」（讒言、また和解の意）。

111 「等閑」（等閑にする意）。

112 「随分」（身分相応の意）。

113 「割置」（予算措置として配分すること）。

114 世間騒擾を意味する語を三点挙げる。

115 権力者にとりいることを意味する語を二点挙げる。
116 権力者におもねることを意味する語を二点挙げる。
117 官職地位の交替を意味する語を列挙したもの。
118 一時的を意味する語を二点挙げる。
119 巡り合わせを意味する語を二点挙げる。
120 重点の語をまとめる。

最後の部分は、際だって明瞭な排列の意図は見出しにくいが、やはりさまざまな書簡用語を並べたものである。ただし、95 96 97、99 100、101 102、108 109、115 116、118 119のごときは、意味の関連するグループを並べており、最後に重点の語をまとめることも含めて、体系化を求めた意図を見ることはできる。

以上、『消息詞』の構造について検討してきた。『消息詞』が、政治経済的な内容を持つ公的文書用語を、テーマ別に大分類した上で、使用場面に応じて下位分類するという、極めて体系的な構造を有していることを、明らかにし得たと考える。

第五章『消息詞』の辞書史上の位置付け

第一節　『消息詞』の辞書性

　従来の研究では、『消息詞』所収語個々の語句について、遺存する実際の書簡・古文書における（ア）使用状況、（イ）意味用法、（ウ）使用頻度、（エ）使用場面等を分析・検討することは、残念ながら行われていなかった。そのため、『消息詞』所収の語彙は、格別な分類も施されていないものとされ、内部に体系性は認められない、という説が行われていた。本論文の第二章・第三章では、『消息詞』の形式的なグループ毎に、所収語句それぞれについて、古文書での使用例を採集し、文書一通全体の意味内容を明らかにし、それにより、各語句の使用状況・意味用法・使用頻度、使用場面等を闡明した。これにより、『消息詞』の語句が、現実の社会で、行政的専門用語として機能していたことも確認され、その教育効果が間接的に証明されたと考える。

　『消息詞』が教育的な意図を以て編纂されているとすれば、ある種の体系に沿って語句が分類配列されているという仮定が成り立つ。そこで、第四章では、全体的な『消息詞』の構造について検討した結果、『消息詞』は、政治経済的な内容を持つ公的文書用語を、テーマ別に大分類した上で、使用場面に応じて下位分類するという、極めて体系的な構造を有していることが、明らかにされた。従来の研究では『消息詞』の持つ体系性が全く見落とされていたが、本論文での分析により、政治経済的な内容の公的文書用語を、使用場面に応じて分類した体系的な構造こそが、『消息詞』の本質であることが証明された。今後の研究は、この点を基礎にして、『消息詞』の成立や用途について考察するのが妥当であろう。

この事実は、辞書の発展史の中で、本書が重要な位置を占めることも明らかにする。室町時代に入ると、『色葉字』という一類の辞書が作成されるようになり、現存するだけでも十七の諸本を数える。この辞書は、社会経済的内容の文書用語を収録するが、全体を第一音節により「いろは」順に類聚しているために、この名がある。

高橋久子先生の「色葉字の性格に就いて」においては次のように指摘していた。色葉字の所収語を同時代の他の古辞書類と比較した時、最も顕著な特色として指摘できる事は、行政・契約・租税・経済・訴訟関係の文書用語及び書簡用語を多く収載する事実である。

> 中世のいろは分類体辞書、色葉字は、実務的な文書用語を収めることを目的とした辞書であり、その目的は、同時代の他の古辞書類と自ずから異なっている。抽象概念語彙のみ収めるものと、博物語彙も含むものと、諸本間で相違が見られるが、筆者は次のような見通しを持っている。本来、頓要集の「従是聞書也」の如き断片的な補綴が纏まりを成した形が有坂本和名集の「伊呂波字」の如き、巻末併載の色葉字であった。それが更に増益を受けて発展し、和名集から独立した。国立国会図書館蔵色葉字尽は、略本色葉字であるが、独立直後の原姿を保存していると考えられる。その後、独立することによって失った部分を補うべく、博物語彙が巻末に増補されて行った。

『消息詞』の所収語彙は、日常生活において文書・書簡に常用する語彙や語句であり、室町期の『色葉字』との共通性が指摘できる。

そこで、次節では、『色葉字』諸本中の代表的テキストである『高橋本色葉字』『国立国会図書館蔵色葉字尽』の所収語彙の排列に着目し、『消息詞』と通底する排列上の特徴が看取できるかどうか、調査を行った。

第二節　室町期成立『色葉字』の調査

調査方法としては、『高橋本色葉字』『国立国会図書館蔵色葉字尽』において、語彙の排列方法が「使用場面が同じである語彙」「意味合いが反対である語彙」及び「類義語である語彙」である語彙を取り出す、CD-ROM版「鎌倉遺文」で該当用例を採集し、意味用法を確認する。◇は調査対象である語彙で、○はCD-ROM版「鎌倉遺文」で採集した用例を表す。なお、番号はCD-ROM版「鎌倉遺文」のものを基準にする。

『高橋本色葉字』の所収語彙

※使用場面が同じである語彙

三丁裏5　論人（ろんにん）　論所（ろんじょ）　論儀（ろんき）

◇論人（ろんにん）

○文書番号:548　和暦:(建久2年)8月7日　西暦:1191

文書名:源頼朝書状　典拠:吾妻鏡建久二年八月七日条　巻:1　頁:422

【本文】

僧任憲解状、福具書等、謹進上之、如此事、不可執申之由存候て、大略成慎て不申上候、而少事ニハ候へとも、論人勝実掠申候之間、当時依一方申状、被仰下候歟、勝実帯道理候者、何上西門院御時、不蒙裁許候乎、此条難申披子細之由、任憲依歎申候、乍恐所言上候也、以此旨可令洩御披露給候、恐惶謹言、

八月七日　頼朝　（後略）

◇論所（ろんじょ）

○文書番号:16618　和暦:（弘安年間）9月23日　西暦:1287

文書名:彰蓮書状　典拠:熊谷直之氏所蔵梵網戒本疏日珠抄巻十八裏文書　巻:22　頁:52

【本文】

十住心論所引瑜伽疏文御勘未候歟、此状ハ、可参之由存候之処、当牡報賽沙汰候境節、社務候之間、連日其事、不□□候、来晦日にて候、其後十月中旬末、長者拝堂可候之間、被障礙事のミ多候へ、聞法不如本望、返々遺恨候、向寒気、旅宿為病身、無術候、治命候者、明春可参候、事々難尽候、便宜之時ハ、可承存候、恐々謹言、

九月廿三日　彰蓮上

◇論儀（ろんぎ）

○文書番号:7884　和暦:（建長7年）7月19日　西暦:1255

文書名:行清書状案　典拠:石清水文書　巻:11　頁:87

【本文】
（端裏書）「行清昇進」
偏之恩裁了、其時更不及年齢之沙汰、是則次第之所推候故也、行及廿七歳至此職、勿論儀候歟、就中、不可及傍輩欝訴候、有限昇進、異儀出来候者、只非失当時之面目、弥難遁耻辱於後代候、枉蒙哀憐、簾可預御裁許之旨、可有御口入由、伺便宜、可有御披露候也、恐々謹言、

（建長七年）七月十九日　　　謹上　大納言律師御房

「論人（ろんにん）」「論所（ろんじょ）」「論儀（ろんき）」とともに裁判・訴訟関係の事実関係をまとめ説明する文書あるいは訴訟に関わる内容の遣り取りを記した書簡において使用される。

七丁裏4　返進（へんしん）　返答（へんたう）　返報（へんほう）　返事（へんし）

◇返進（へんしん）

〇文書番号:4489　和暦:（天福元年）5月1日　西暦:1233
文書名:尊性法親王書状　典拠:山城真経寺所蔵法華経裏文書　巻:7　頁:29

【本文】
内府今日令参候歟、此事等被仰合候歟、違日来之趣候者、尤可承存候、法華堂事、何様之間、落居候乎、今月殊御忌月候、同者当月可有御裁許候、抑御絵加一見返進上候、此物体、言語道断覚候、握翫之余、両日申篭候之条、恐入候、先後体まめやかに不敵覚候、不甘心之由、気色比興覚候、尤道理に候ける、長倫申状も内府か計、何様にか申候へとも、委く

可彼仰下候之趣、可令洩申入給、尊性敬言上、
五月一日　尊性上　進上　人々御中

◇返答（へんとう）

○文書番号:9889　和暦:文永5年3月15日　西暦:1268
文書名:相秀書状　典拠:書陵部所蔵壬生家文書　巻:13　頁:347

【本文】
（端裏書）「御文従儀師相秀　異国御祈事」
異国御祈事、任先日宣旨、欲令施行諸寺候之処、如被宣下候者、可読経誦呪之由、雖被載之候、可為何経何咒之由、不被載之候、若諸寺不審事候者、何様可令返答候哉、於異国事者、先例不分明候、伺准拠之例候之処、或可令転読仁王経、可令造立図書不動之由、被宣下候歟、所詮、随重御計、総令施行也、恐惶謹言、
文永五年三月十五日　従儀師相秀
壬生殿

◇返報（へんぽう）

○文書番号:31370　和暦:（元徳3年）3月2日　西暦:1331
文書名:聖尋書状　典拠:山城阿刀文書　巻:40　頁:202

【本文】
（端裏書）「東寺御影供執行之事〈元徳三年三枚続〉」東南院返報
東寺御影供執事、服暇之輩勤仕事、執行忠救注申先例之上、無子細候歟、且又為祖師報恩

之儀、強不可有憚候歟、恐々謹言、
元徳三　三月二日　聖尋

◇返事

○文書番号:7169　和暦:（建長2年）2月22日　西暦:1250
文書名:前石見守友景書状　典拠:山城神護寺文書　巻:10　頁:136

【本文】

（端裏書）「石見前司返状〈吉富庄与細川庄検見使間事、二月廿二日〉」
吉富与細川道相論事、使者来廿六日、被差遣事、承候了、其由可申沙汰候、但此事、先日令申武家候了、然者、賜彼御返事、可申之旨、存知候、如何、恐々謹言、
「建長弐年」二月廿二日

「返進」「返答」「返報」「返事」ともに「返す」という意味を持ってい、「返答」「返報」「返事」三語は「お手紙」という意味も持っていてる。この四語は「お手紙や返事などを返す」場面に用いられる文書・書簡用語である。

二一丁裏3　尊報　尊意　尊札　尊答

◇尊報

○文書番号:17807　和暦:正応5年正月　日　西暦:1292
文書名:遠江大福寺住僧等申状案　典拠:遠江大福寺文書　巻:23　頁:204

【本文】

（前略）次於頭役段者、真萱寺荒廃之刻、舎利会頭役及闕如之処、前御知行時、故右衛門入道殿為御計、神戸内殿原并所司沙汰人等、平均結縁之最中、於当寺衆徒等、此事且欅尊報恩仏事也、且諸人随宜結縁也、（後略）

◇尊意（そんい）

○文書番号:27278　和暦:元応元年１０月１５日　西暦:1319
文書名：空然伝法潅頂印信　典拠：伊勢安養寺印信　巻:35　頁:229

【本文】

（前略）明靖阿闍梨伝付静真、又座主贈僧正法印大和尚位尊意阿闍梨伝付平灯大法師、平灯伝付静真大法師、静真以前後相承両部潅頂職位伝付皇慶阿闍梨

◇尊札（そんさつ）

○該当用例なし
意味解釈：あなた様からいただいたお手紙、の意。

◇尊答（そんたう）

○該当用例なし
意味解釈：あなたから様からいただいた御返答、の意。

「尊報」「尊意」「尊札」「尊答」四語の中で、「尊報」「尊札」「尊答」三語は「相手を敬って、そのお手紙や御返事」という語彙であり対し、「尊意」は「相手の考えなどを敬っていう語」である。この四語は「相手のお手紙、御返事、お考えを尊っていう場面」に用いられる語彙である。

※意味合いが反対である語彙

二丁裏5　以後　以前

◇以後

○文書番号:17218　和暦:（正応2年？）　西暦:1289
文書名:祐遍書状案　典拠:東寺百合文書と　巻:22　頁:338

【本文】

旁難治折節候、不蒙仰候、悦入候、自今以後、可有御心得候、可為別志候、先公文鑁成無力事候歟、送給候御文共、悉加拝見、返献候、成教所望候条、御評定之外、不可有別所存候、但武家方ハ子息所属事候へハ、便宜さも候歟、南都方事ハ、不知及候、就彼就是、不可有別子細候、大方之義、如此奉候之上者、可令存知候、公文改補事、只今始承之候、雖然、遅々何条事候哉、平野殿も、如新勅旨、請申候哉、如何、恐々謹言、

乃刻　祐遍

◇以前

○文書番号:4466　和暦:(貞永2年)4月4日　西暦:1233
文書名:尊性法親王書状　典拠:山城真経寺所蔵法華経裏文書　巻:7　頁:18

【本文】
張本事、未被召出候乎、明日兵具競以前、不被召出候者、猶罷成大事候歟、豪弁事者、御沙汰卒爾難叶之間、此両人を可被沙汰事にて候か、又及遅々候者、旁衆徒之欝陶、無等閑罷成候歟、定快今朝尋上候畢、其上事者、未承候へ共、張本事不堪不審、内々伺申入候、可然之様、可令洩申入給候、尊性敬言上、
四月四日　尊性上　進上　人々御中　前石見守友景

「以後(いご)」「以前(いぜん)」は、使用上の便宜を考慮し、編纂者が意図的に前後に配置した意味用法が反対になる一対の文書用語である。

※類義語である語彙

十一丁表5　利根(りこん)　利口(りこう)

◇利根(りこん)

○文書番号:9076　和暦:文永元年4月17日　西暦:1264
文書名:日蓮書状　典拠:日蓮聖人遺文　巻:12　頁:325

【本文】

（前略）牛馬なんどの前後を弁へざるが如くなりとも、他経を学する人の、利根にして智慧かしこく、舎利弗・目連・文殊・弥勒の如なる人の、諸経を胸の内にうかべて御坐まさん人々の御功徳よりも、勝たる事、百千万億倍なるべきよし、経文竝に天台・妙楽の六十巻の中に見え侍り、されば経文には、以仏智慧籌量多少、不得其辺と説れて、仏の御智恵すら、此人の功徳をばしろしめさす

◇利口（りこう）

○文書番号:13700　和暦:（弘安2年）9月16日　西暦:1279

文書名:日蓮書状　典拠:日蓮聖人遺文　巻:18　頁:216

【本文】

（前略）さてこそ天台大師五重玄義の初に、名玄義と釈し給へり、日蓮となのる事、自解仏乗とも云つへし、かやうに申せは、利口けに聞えたれとも、道理のさすところ、さもやあらん（後略）

「利根（りこん）」「利口（りこう）」両語とも「賢い」という意味を持っていて、「より一層利益を受けるように賢く行動する」という場面に用いられる文書用語である。

十一丁表5　利分（りふん）　利平（りひやう）

◇利分（りふん）

○文書番号:10798　和暦:（文永8年）3月12日　西暦:1271

文書名：安東蓮聖書状　典拠：蓬左文庫所蔵斉民要術裏文書　巻：14　頁：254

【本文】

菩提院故僧正御房御借物事、法印□房御文謹下給候了、彼用途借召候之時、□事計会之間、境節雖難秘計候、厳命依難黙止候、令伝進他人之物候了、僧正御房□入滅以後、有尋御沙汰、雖蒙御成敗候、数年之程、一向依無其償候、銭主譴責過法□之間、不堪苛責、直可有沙汰歟之由ヲ申候て、彼御借書於本主許、令取替蓮聖之証文□了、其子細、旧年即令申入候き、利分事、他人之物を伝進候て、経数年之後、背御証文□、取本物許之由、争可申候哉、且可有賢察候、　蓮聖沙汰之□、漸々にも御沙汰候ハヽ、利分事□□ても可□候之処、已御借書候之□□

◇利平（りひょう）

○文書番号：30042　和暦：嘉暦2年10月10日　西暦：1327

文書名：公禅契約状　典拠：山城大徳寺文書　巻：38　頁：338

【本文】

（前略）此上猶依時増物出来者、於三分二者（花押）可給之、所残三分一又可被召者也、如此奉契約之上、更年記之内、不可致参差之沙汰、乍申賜件両名、年貢万一彼河手用途不足事出来者、相当彼足程、有御知行、可被立（花押）留用、其時可被加有限利平、更不可申子細、仍為後日状如件、

嘉暦弐年十月十日　公禅（花押）

「利分（りふん）」「利平（りひゃう）」ともに、「利息や利益」を指す語彙で、「金品や穀物などを貸借する際、貰える利益」という場面に用いられる文書用語でもある。

十二丁裏1　流通（るつう）　流布（るふ）

◇流通（るつう）

○文書番号:10907　和暦:（文永8年）10月22日　西暦:1271
文書名:日蓮書状　典拠:下総中山法華経寺文書　巻:14　頁:314

【本文】
（前略）一部八巻二十八品、天竺御経布一須臾承、定可有数品、今漢土日本二十八品略之中要也、正宗置之、至流通、宝塔品三箇勅宣、令被霊山虚空大衆、勧持品二万・八万・八十万憶等大菩薩御誓言、不及日蓮浅智、但恐怖悪世中経文指末法始也、（後略）

◇流布（るふ）

○文書番号:6672　和暦:（寛元4年）後4月3日　西暦:1246
文書名:実源書状　典拠:春華秋月抄草十五裏文書　巻:9　頁:276

そk

【本文】
猶々御蚊陽事、殊驚承候し、堂やう爾御灸候ハ、不可有別御事候歟、被仰下候之旨、畏以承候了、住寺之程者、便宜之時者、連々罷入、見参候き、住山之後、書絶不申入候間、失本意候処、今被仰下候之趣、殊畏入候、御蚊陽事驚承候、当時世流布事候、能々可有御慎

候、猶も及御大事候者、必可参入言上候、談義用途事、土左殿相共申合、被沙汰事候之間、無何若党一両計、如此沙汰仕候へハ、人ノ不審も相残候らんなと存候て、申入候き、今仰ニ義林房も散不審たるけ爾、罷仰旨、返々悦存候、恐惶謹言、

後四月三日　　実源（切封墨引）「中院都維那御房御返事　　実源」

「流通（るつう）」「流布（るふ）」はともに、「物や話が世間に広まる」ところに共通点を持っていて、「物や話が世間に伝わったり広まったりする」意味用法を持つ文書用語でもある。

十八丁裏5　他出（たしゅつ）　他行（たきやう）

◇他出（たしゅつ）　（一例しかない）

○文書番号:14414　和暦:弘安4年閏7月　日　西暦:1281

文書名：賢深田地寄進状　典拠：高野山文書続宝簡集六　巻:19　頁:235

【本文】

（端裏書）「百廿四臈浄仏房寄進状」

寄進　御影堂陀羅尼田事合壱段者〈定田片子能米捌斗小麦壱斗猴升〉在高野政所河南方菴田〈作人威徳禿住人〉四至在本券、

右、意趣者、為自他出離生死良因、永代所令寄進也、雖料田少分、志篭法界、三宝納受、必垂引接給、仍相副本券三通、寄進之状如件、

弘安四年〈辛巳〉閏七月　日　賢深　嫡弟覚弁（花押）

◇他行（たぎやう）

○文書番号:12441　和暦:（建治2年）8月4日　西暦:1276

文書名:凝然書状　典拠:東大寺所蔵梵網本疏日珠鈔巻十裏文書　巻:16　頁:312

【本文】

便宜令状候間、先者加様令申候、構御他行不可有候、其後何事候哉、久不承御音信候、抑今秋下向候如長老、日比之依仰、梵網疏三□・戒律□三部・定賓戒本疏二部・持犯要記等此等ヲ随身候て、書続候、同加様に文ヲ随身候也、愚身ハ今年々之内ニ、構可上洛之由存候か、随体春にとや成候ハんすらん、此戒壇無人に候、鷲尾方丈定下受候はんすらん、□の田舎用事候間、加様下向候也、恐々謹言、

八月四日　示観　（切封墨引）トモ備後照律御房

「他出（たしゅつ）」は「自宅を出てどこかに行く」意味であり、「他行（たぎやう）」はただ「どこかへ出かける」という意味であるが、両者とも「どこかへ出かける」という共通義がある文書用語である。

二四丁裏4　濫妨（らんはう）　狼籍（らうせき）

◇濫妨（らんはう）

○文書番号:15137　和暦:（弘安7年？）　西暦:1284

文書名:某書状　典拠:兼仲卿記弘安七年四月・閏四月巻裏文書　巻:20　頁:154

【本文】

当寺別院観心院領大□国秋吉庄々田事、去年光遠称蒙御成敗、致濫妨候之間、申入子細候之処、去比停止光遠之濫妨、如元可□領知之由、被下　長者宣□了、而彼田薗等、称被寄□多武峯、自峯寺近日□□濫妨之由、雑掌令申候、何

○一三九四〇号-四四号文書（巻十八）と一具なるべし。

◇狼籍（らうせき）

○文書番号:72　和暦:(文治2年)3月16日　西暦:1186

文書名：源頼朝書状　典拠：吾妻鏡文治二年三月十六日条　巻:1　頁:29

【本文】

諸国并庄園事、為令制止狼藉候、成遣下文候、所触廻候也、武士之中、抽群不当之輩候者、早可令召下候也、可被処刑輩事欝存候、子細者、先度次第令申候畢、其許否者、所詮可随御計候、不起自御意、近習者御勘気可候之由者、不能欝申候、其恐候之故也、但　君者雖為不知食候事、已称御定、令下宣旨候之条、無謂所行候歟、以此旨可令披露給候、恐々謹言、

三月十六日　頼朝　進上　帥中納言殿

「濫妨（らんはう）」「狼籍（らうせき）」は「言動が乱暴である」共通義を持っていて、「乱暴な動作或いは粗末に扱う」という意味用法の文書用語である。

二五丁裏4　無用（むよう）　無益（むやく）

◇無用（むよう）

○文書番号:6153　和暦:仁治4年正月　日　西暦:1243
文書名:沙弥成蓮田地譲状　典拠:九条家文書　巻:8　頁:409

【本文】

譲渡進　相伝私領田壱段事　在山城国紀郡内真播木里拾玖坪北縄本
右、件田者、自富永手、直銭拾玖貫伍佰文、限永代令買取之畢、而令進于出羽入道殿処、此田依為最小事、被仰無用望之由間、為成蓮所領、令領知之処、不慮外本証文引失畢、然則本証文案四通在之、委細状□見案文、而相具手継証文案四通、譲進于伊預阿闍梨御房畢、有限所当見本証文案、敢致子々孫々、不可有他之妨、仍為向後証験、以契状所譲進如件、
仁治四年正月　日　沙弥成蓮（花押）

◇無益（むやく）

○文書番号:6740　和暦:（寛元4年カ）8日　西暦:1246
文書名:某書状　典拠:春華秋月抄草十五裏文書　巻:9　頁:323

【本文】

二帖拝領候了、返々恐悦候、具書も難尋出候之上、御違例折節、無益候之間、重不申別丁寧御沙汰、猶々為悦候、但卒時之間、難見立や候ハんすらん、然又可為評義候也、御違例無別事歟、返々為悦候、承源ハ此風ニ又聊風病気候之間、慎入候也、恐々謹言、
八日　（花押）

「無用（むよう）」「無益（むやく）」ともに「利益がない」という共通義を持っている文書用語である。

四三丁表3　進覧（しんらん）　進上（しんじょう）

◇進覧（しんらん）

○文書番号:80　和暦:(文治2年)4月1日　西暦:1186
文書名:北条時政書状　典拠:吾妻鏡文治二年四月一日条　巻:1　頁:33

【本文】

畏申上候、今月一日萱津宿到著之処、二位殿御文一封候、仍進覧如件、
抑大蔵卿殿・刑部卿殿并北面人々事者、可処霜刑之族不思知者也、後毒之
眷也、然者就顕就冥、深依恐叡慮、令申其旨許也、此条ハ自君之御心不
発候事にて候へハ、於今者只可為君御意之由、所被仰下候也者、且以此由
可令申上給候、時政誠恐謹言、
　四月一日　平判　進上　大夫属殿

◇進上（しんじょう）

○文書番号:121　和暦:(文治2年)6月29日　西暦:1186
文書名:源頼朝書状　典拠:吾妻鏡文治二年六月廿九日条　巻:1　頁:82

【本文】

成勝寺修造事、可被篋遂候也、若及遅怠候者、弥以破損大営候歟、就中、被修復当寺者、定為天下静謐之御祈歟、然者国ニモ被宛課候テ、篋御沙汰可候也、以此旨可令申沙汰給候、頼朝恐々謹言、

六月廿九日　頼朝、裏御判

進上　帥中納言殿

「進覧（しんらん）」「進上（しんじゃう）」は共に「進上する」という共通義があり、両者の違いは「進覧（しんらん）」には「目上や地位の高い相手が閲覧するために謹んで提出する」と意味用法がある所である。しかし、両語とも「進上する」と意味合いを持つ文書・書簡用語である。

『国立国会図書館蔵色葉字尽』の所収語彙

※使用場面が同じである語彙

七丁裏2　訴状（ソジョウ）　訴訟（ソシャウ）　訴陳（ソチン）

◇訴状（ソジョウ）

○文書番号:11032　和暦:（文永9年）5月14日　西暦:1272
文書名:法印某書状　典拠:筑前宗像神社文書　巻:14　頁:386

【本文】

筑前国宗像宮雑掌申、当社領蛭田・山田両村事、訴状具書等賜候了、此事去年十一月御汰之時、可止其妨之由、進請文候了、今更不可及異儀候歟、恐々謹言、

「文永九年」五月十四日　法印（花押）

◇訴訟（ソシヤウ）

○文書番号:1981　和暦:（建暦3年？）　西暦:1213
文書名:尊玄書状案　典拠:東大寺所蔵探玄記第十七巻義決抄第一裏文書　巻:4　頁:63

【本文】
光明山陳状令執進候、早長官之御許、可被遣候也、殿下進□状之等、追可沙汰進上之由、山僧等所令申上候也、凡此事山僧等□致沙汰之様、被思食候歟、其条八全唯山僧之誤候、自本来早訴申者、綺庄民等堀棄菁之事也、而彼綺庄依唯殿下御領、不及訴申子細候也、而召彼御庄民等中不当輩一両、同意綺庄民等、猥早出訴訟候也、山僧等不譲候、

◇訴陳（ソチン）

○文書番号:9562　和暦:（文永3年）8月29日　西暦:1266
文書名:善舜書状　典拠:摂津勝尾寺文書　巻:13　頁:198

【本文】
勝尾寺仏聖米事、重申状給候了、但訴陳雖不分明候、且善事候、以当庄器納、可致沙汰之由、可加下知候也、以此旨、可令披露給候、恐々謹言、
「文永三」　八月廿九日　善舜

「訴状（ソジョウ）」「訴訟（ソシヤウ）」「訴陳（ソチン）」はともに、訴訟・裁判に関わる書類や手続きを表す語彙で

あり、三語は、訴訟・裁判関係の文書・書簡用語である。

※類義語である語彙

十八裏2　所務（ショウム）　所職（ショショク）

◇所務（ショウム）

○文書番号:20378　和暦:（正安2年）2月25日　西暦:1300
文書名:浄実書状　典拠:近江菅浦文書　巻:27　頁:96

【本文】

内々申、此事、所務玄円僧都不存知之由、令申候間、被尋下庄家候了、仍遅々不可然候歟、簾可申沙汰候也、菅浦供御人等申、大浦庄住人致狼藉之由事、重申状〈副具書、〉謹賜候了、重簾可申入候、且可得御意候歟、恐々、

正安二　二月廿五日　法印浄実

◇所職（ショショク）

○文書番号:40　和暦:(文治2年)正月24日　西暦:1186
文書名:源頼朝書状　典拠:吾妻鏡文治二年正月廿四日条　巻:1　頁:16

【本文】

日吉塔下彼岸衆申文一通、謹以進上之候、為法性寺領小橋庄被押領三ケ村候云々、而重家、

自近衛殿賜小橋庄預所職候畢、仍衆徒可停止重家之結構之旨、雖触遣候、云彼云是、共以
庄領候、依不能私成敗候、所令執申候也、任道理、可被計仰下候歟、頼朝恐々謹言、
正月廿四日　頼朝裏御判　進上帥中納言殿

「所務（ショウム）」「所職（ショショク）」ともに、「中世においての勤めや職務」という共通義を持っていて、「中世の荘園などの職務や勤め」に関わる場面に用いる文書用語である。

二一丁表5　先哲（テツ）　先祖（ソ）　先考（カウ）　先妣（ヒ）

◇先哲（テツ）

○文書番号:51563　和暦:建長8年3月18日　西暦:1256
文書名：叡尊勝鬘疏鈔寄進状写　典拠：興正菩薩行実年譜中　巻:45　頁:186

【本文】

謹寄入勝鬘疏鈔一本
右、斯鈔者、大唐高僧之製造、日域面目之秘書也、貞観十三之運、雖請来於我朝、建長第七之暦、讒訪得乎荒凌、恨矣忘先哲之芳志、可悲失後鋭之亀鏡、依茲、繕写一本、永冀伝通矣、伏惟、上宮皇聖霊者、東隅仏法之曩祖也、法隆学問寺者、太子鄭重之御願也、讒弁因果之人、誰忘皇太子之鴻恩、苟志報謝之輩、須崇法隆寺之人法、聖霊忝留義疏於末代、寺家又昌夏冬之研練、須写此鈔、安置彼寺、仍更修写一本、永以寄入、以謝聖霊無窮之恩徳、以擬寺中琢磨之披覧而已、丹襟之旨、蓋以若斯、
建長八年三月十八日　西大寺衆首芯蒭叡尊

◇先祖（ソ）

○文書番号:52135　和暦:元徳3年5月3日　西暦:1331
文書名:行貞重夫妻連署田畠譲状　典拠:播磨法楽寺文書　巻:46　頁:182

【本文】
譲渡進　田畠□□□合公田弐拾代者〈在所屋敷前、但於在家□途者、貞重之一名仁可被有之者也、〉
右、件田畠等者、貞重先祖相伝之私領也、雖然於子孫者、或令死去、或令逃散之間、為奉被訪夫婦之後世菩提、機先□□仁、限未来際、所譲渡進明白也、然則不可有他人等之妨也、仍為将来亀鏡譲状如件、
元徳三年辛未五月三日　行貞重（略押）　妻女因幡女（略押）

◇先考（カウ）

○文書番号:5935　和暦:（仁治2年？）　西暦:1241
文書名:藤原定家七々忌表白文　典拠:春華秋月抄草第十九　巻:8　頁:309

【本文】
捧講経論義所生恵業、併奉資先考禅定黄門侍郎御菩提ニ、夫慈父恩徳、内教外典同載之、上聖下凡皆報之、思其恩山之高々於二花之峯、顧其徳海之深々於七葉之水、貴賎有心之人誰不報其恩哉、伏惟、先考聖霊者、為大籏五葉之後胤、仕明主数代之聖朝ニ、詩歌風月、窮涼粋外意底、仁義礼智、湛才智於胸内ニ（後略）

◇先妣（ヒ）

○文書番号:31558　和暦:（元徳3年12月6日）　西暦:1331
文書名:崇顕金沢貞顕諷誦文案　典拠:金沢文庫蔵神祇秘伝八幡裏文書　巻:40　頁:294

【本文】

敬白　請諷誦事　三宝衆僧御布施麻布　端
右、先妣幽霊、下世以降、当十三廻之遠忌、翹三百心之至誠、所写者、貝葉一乗之文、如法懃儀、所摠者、鳬鐘三下之韻、無弐啓信、仍諷誦所修如件、敬白、
　南瞻部洲大日本国元徳三年十二月六日弟子沙弥崇顕〈敬白〉　已上藤範草也、

「先哲（テツ）」「先祖（ソ）」「先孝（カウ）」「先妣（ヒ）」四語には「已に亡くなった人」に共通義があり、それぞれ「亡くなった哲人、祖先、父、母」の意味になって、ともに「亡くなった人」に関わる場面に使用する文書用語である

以上挙例して事例により明らかなように、『色葉字』の各部の中に、意味により類聚されている語彙のグループが多数箇所観察される。つまり、同義語・対揚語・反対語・使用場面を同じくする語等が、二~四項目にわたり纏まっていることになる。これは、『色葉字』編纂の元になった辞書が、「使用場面やテーマ別に語彙を配置・排列」したものであり、そのような語彙の纏まりが、痕跡として残ったものと推定される。

第三節　『消息詞』と『色葉字』

『高橋本色葉字』『国立国会図書館蔵色葉字尽』『消息詞』ともに、色葉字類に属しているが、『高橋本色葉字』『国立国会図書館蔵色葉字尽』両者はいろは分類を行っているに対し、『消息詞』は、いろは分類は行わず、所収語彙を使用場面やテーマ別に分類していることが、大きな相違点になる。

『消息詞』は、初学者が書簡を制作する際に必須である語句を、使い易いように使用場面により分類した辞書であって、語彙量が少ない初学者にとっては、いろは分類を行う必要がなかったかもしれない。しかし、行政・契約・租税・経済・訴訟関係の文書用語及び書簡用語を収録されている色葉字において、初学者向きの『消息詞』だけでは、使用者の需要に応えられないため、所収語彙が多く且ついろは分類を行っている『高橋本色葉字』『国立国会図書館蔵色葉字尽』などの色葉字が世に出たと推測できる。

『消息詞』所収語彙を「いろは」順に分類し直せば『色葉字』となるのであり、日本の辞書の流れを俯瞰的に見るならば、『消息詞』を『色葉字』の先蹤と見なすことも可能であろう。しかし、「いろは」分類に編集し直したことにより、公文書作成の際の場面毎に想定される使用語彙を参照できるという利点は失われてしまったことになる。初学者にとっては、『色葉字』より『消息詞』の方が、格段に使用し易かったであろう。この点から、本書が社会経済的語彙を学習するために編纂された、有用な教科書的辞書であったということを再確認できるのである。

第六章　まとめ

従来、『消息詞』は、往来物の一種であるという説と、古辞書の一種であるという説と、二説が存在した。往来物は、平安時代に十二月往返状の模範文案を掲載した形態から始まったが、中世以降種々の目的・用途に合わせて発展を遂げ、様々な類型の往来物が制作されるようになる。『消息詞』は、初学者向きに使用頻度の高い語彙を「語句集」の形で編纂した往来物の一類「消息詞型」として位置付けられている。ただし、先行研究では、「日常の手紙文によく使われる単語・短句を列挙してある。単語・短句集であるから、教師の識見や学ぶ者の年齢・興味・能力によって、どこで切ってもよければ、どこまで続けてもよく、ある語、ある句を添加してもよく、削ることもできた。」（『往来物の成立と展開』六頁）のようにとらえられており、単なる「列挙」とされ、体系性についての言及はなされていない。

また、古辞書とする説としては、山田忠雄氏の「書簡文用の正字・用語辞典としては『消息詞[29]・書状文字抄』と『拾要抄』（「畳字」「円撰詞林」とも）とが有り」（『日本古典文学大辞典』、山田忠雄氏執筆「辞書」の項目）という記述と、川瀬一馬氏の一九七三年『消息詞・書状文字抄』（古辞書叢刊）の複製解説がある。川瀬氏は「本書は前後編纂の体裁内容を異にしているが、初学の文字学習、消息作文の手引き等を直接の目的としながら、習字の手本にも用いられたであろうが、その上、両部合せて、消息用小辞典的な性質を具えている点が有用であつたと思われる」と位置付けられた。氏はさらに「所収の語彙は、格別な分類も施されていないようである」とされ、所収語彙に特に分類は施されていない、という見解を示された。しかしながら、同氏は、一九五五年発行の『古辞書の研究』初版においては「次に辞書的な性質を帯びたものとしては、文字を教え言葉を習得せしめる為の教科書類があり、むしろそれが編纂の主旨であつたと言へるであらう。菅原為長の撰といふ「消息詞」や「書状文字抄」(恐くは為長撰)、又は尊円親王の撰かと推せられる「円撰詞林(一名拾要抄)」(二巻)はその類である」(三七一頁)と書かれ、「教科書」と位置付けている。しかも同書において、『消息詞』を、三七一頁では「消息詞は文字を教え言葉を習得せしめる為の教科書類」と分類しているが、四四〇頁では「童蒙の消息用語の教科書又は消息執筆用語の簡便な索引書ではあるけれども、内容は公務の事務用に供せられる様に作られてゐるもの」と指摘され、『消息詞』に対する見解に揺れが認められる。とはいえ、大筋としては、初学者のための文字・語彙の習得に役立つ教科書的な辞書という見解とまとめてよい。

まず第一の見解に対しては、次のような疑問が生ずる。往来物が本来書簡を中心とした形態であるのには異論は無かろうが、然りとすれば、手紙に使用する単語・短句を集めたものを往来物に分類するのには、本来無理があると考えられる。往来物を教科書と全く同義にとらえているのであれば、確かにこの種の議論も成り立つのであるが、それは語の安易な転用と言わざるを得ない。

つぎに第二の見解に対しては、一定の首肯すべき部分が認められる。『消息詞』は初学者が実用的な語彙の習得に用いた可能性が高い編纂物であるし、語彙集である以上、辞書の一形態と見るのは、さほど無理な見解とは思えない。ただし、川瀬氏の見解に見られるように、従来は『消息詞』の持つ体系性が見落とされていた。政治経済的な内容の公的文書用語を、使用場面に応じて分類した体系的な構造こそが、『消息詞』の特徴であることが証明された以上、この点を基礎にして、本書の成立や用途について考察するのが妥当であろう。これを看過した従来の議論には、残念ながら脆弱さが伴っている。また、「童蒙の消息用語の教科書又は消息執筆用語の簡便な索引書ではあるけれども、内容は公務の事務用に供せられる様に作られてゐるもの」のような議論は、「消息執筆用語」が実は「公務の事務用」と同一であるという、中世社会の実態を明確に認識していないように受け取られる。

『消息詞』の体系的構造から考えると、第一に、本書が公文書の読み書きを初学者に修得させる学習書、つまり一種の教科書として機能したことは明らかである。学習の具体的な手順としては、手習い風の書き取りを主としたことも容易に想像される。第二に、本書は意味分類体的な辞書に近い性質を持ったため、公文書の用語の体系的学習、また、場合によっては検索にも役立ったと思われる。これは従来の「第二の見解」を単純に肯定するものではなく、本書の具体的な内容と体系に基づいて、確認されたものであり、それが教科書的辞書であるということを、実証し得たものと考える。

なお、この事実は、辞書の発展史の中で、本書が重要な位置を占めることも明らかにする。室町時代に入ると、『色葉字』という一類の辞書が作成されるようになり、現存するだけでも十七の諸本を数える。この辞書は、社会経済的内容の文書用語を収録するが、全体を第一音節により「いろは」順に類聚しているために、この名がある。大雑把に言えば、『消息詞』所収語彙を「いろは」順に分類し直せば『色葉字』となるのであり、日本の辞書の流れを俯瞰的に見るならば、『消息詞』を『色葉字』の先蹤と見なすことも可能であろう。しかし、「いろは」分類に編集し直したことにより、公文書作成の際の場面毎に想定される使用語彙を参照できるという利点は失われてしまったことになる。初学者にとっては、『色葉字』より『消息詞』の方が、格段に使用し易かったであろう。この点から、本書が有用な教科書的辞書であるということを再確認できるのである。

注

1 今回の調査では、日国オンラインを用いて調査を行った。
2 『大漢和辞典』修訂版を参照。（諸橋轍次著　昭和三十年十一月三日～平成十三年十月二十日　大修館書店）
3 『漢語大辞典』を参照。（漢語大辞典編輯委員会・漢語大辞典編纂処　一九八六年十一月～一九九三年十一月　上海辞書出版社・漢語大辞典出版社）
4 『角川古語大辞典』を参照。（中村幸彦・岡見政雄・阪倉篤義著　昭和五十七年六月十日～平成十一年三月十日　角川書店）
5 『時代別国語大辞典室町時代編一』（室町時代語辞典編集委員会　一九八五年三月二十日～二〇〇一年一月一日　三省堂）
6 使用した古文書・古記録用語辞典類は、左記の通りである。
　① 古文書用語辞典（荒居英次、飯倉晴武、太田順三、佐々木克、高橋正彦、広瀬順妄、福田アジオ編、二〇〇一年六月、柏書房）
　② 古文書用語大辞典（佐藤孝之、天野清文編、二〇〇六年四月、新人物往来社）
　③ 古文書古記録語辞典（阿部猛編、二〇〇五年九月、東京堂出版）
　④ 音訓引き古文書辞典（林英夫編、二〇〇四年一月、柏書房）
　⑤ 古文書用字用語大辞典（池田正一郎編、一九九五年六月、新人物往来社）
7 CD-ROM『鎌倉遺文』（竹内理三・東京大学史料編纂所編　二〇〇八年三月　東京堂出版）
8 『印度本節用集古本四種研究並びに総合索引』を参照。（中田祝夫著　昭和四九年三月二十日　勉誠社）

9 注8参照。

10 『正宗文庫本節用集総合索引』を参照。（室山敏昭編集　昭和四十三年八月三十日　ノートルダム清心女子大学　国文学研究室古典叢書刊行会）

11 『古本節用集六種研究並びに総合索引』を参照。（中田祝夫著　昭和四十三年四月十五日　風間書房）

12 注11を参照。

13 注11を参照。

14 注11を参照。

15 注11を参照。

16 『改訂新版　文明本節用集研究並びに索引』を参照。（中田祝夫著　昭和五十四年十月三十日、勉誠社）

17 『色葉字類抄研究並びに索引　本文・索引編』を参照。（中田祝夫・峯岸明著　昭和三十九年六月三十日　風間書房）

18 『日本語と辞書』（第十輯）を参照。（高橋忠彦・高橋久子編集　平成十七年五月一日　古辞書研究会）

19 元亀二年京大本・静嘉堂文庫本・天正十七年本等、諸本がある。本稿では、善本である、元亀二年本を用いて調査した。安田章解題『元亀二年京大本運歩色葉集』（臨川書店、昭和四十四年十二月）に影印複製があり、本稿では、これを用いて調査した。

20 高橋久子氏蔵。写本一冊。平成十三年十一月『九十周年記念古典籍展観大入札会目録』（東京古典会）、一一一頁、目録番号二八九番の『色葉字』である。巻頭の写真が同目録一〇七頁に掲載されている。氏は、その入札会で同書を落札、現在架蔵している。
本稿は、原本の写真を用いて調査した。

21 北野天満宮（北野文庫）蔵。写本一冊。木村晟開題『北野天満宮蔵佚名古辞書』（近

思学報第三、昭和五十九年九月、洛文社）に影印複製があり、本稿では、これを用いて調査した。

22　写本一冊。函架番号、近二二九―三八。本稿では、マイクロフィルムの焼き付け写真を用いて調査した。木村晟「陽明文庫蔵『諸雑聞書』」（駒澤國文第十七号）参照。

23　妙本寺蔵。写本一冊。鈴木博著『妙本寺蔵永禄二年いろは字』（清文堂出版、昭和四十九年三月）に影印複製があり、本稿では、これを用いて調査した。

24　故有坂秀世博士蔵。写本一冊。鈴木眞喜男・大熊（高橋）久子編著『有坂本和名集』（汲古書院、平成五年九月）に影印複製があり、本稿では、これを用いて調査した。

25　東京大学文学部国語研究室蔵。写本一冊。函架番号二二Ａ―一七五。本稿では、マイクロフィルムの焼き付け写真を用いて調査した。

26　広島大学文学部国語学国文学研究室蔵。写本一冊。本稿では、マイクロフィルムの焼き付け写真を用いて　調査した。木村晟編「古節用篇［和名集］」（古辞書研究資料叢刊第十六巻、大空社、平成八年十一月）に翻字がある。

27　『日本語と辞書』（第十七輯）を参照。（高橋忠彦・高橋久子編集　平成二十四年五月一日　古辞書研究会）

28　国史大辞典編集委員会編集　昭和五十四年二月～平成五年三月　吉川弘文館

29　日本古典文学大辞典編集委員会編集　一九八六年一二月二日　岩波書店

【引用文献】

1 川瀬一馬『増訂　古辞書の研究』（雄松堂昭和三十年十一月二十日）
2 川瀬一馬『消息詞・書状文字抄』（雄松堂　昭和四十八年九月二十五日）
3 石川謙・石川松太郎『日本教科書大系　往来編　第1巻　古往来（一）』（講談社　昭和四十三年二月二十日）
4 石川松太郎『往来物の成立と展開』（雄松堂　一九八八年七月二十五日）

【参考文献】

1 石川謙・石川松太郎『日本教科書大系　往来編第2巻　古往来（二）』（講談社　昭和四十二年五月二十五日）
2 石川謙・石川松太郎『日本教科書大系　往来編第3巻　古往来（二）』（講談社　昭和四十三年十二月二十日）
3 石川謙・石川松太郎『日本教科書大系　往来編第4巻　古往来（四）』（講談社　昭和四十五年十月十二日）
4 三保忠夫「消息詞・書状文字抄　本文篇」文経論叢第13巻第5号（弘前大学人文学部　昭和五十三年三月二十日）
5 三保忠夫「消息詞索引篇」訓点語と訓点資料第六十三輯（訓点語学会　昭和五十四年四月十五日）
6 三保忠夫・山本悦也「消息詞漢字索引篇」訓点語と訓点資料第六十三輯

7　三保忠夫　「『消息詞』の国語学的研究序説—伝本の考察」『文学・語学』第八二号（訓点語学会　昭和五十四年四月十五日）

8　高橋久子　「色葉字の性格に就いて」訓点語と訓点資料第一一六輯（日本古典文学会　一九七八年六月）

9　高橋久子　「割置考」東京学芸大学紀要人文社会科学系Ⅰ　第六十集（訓点語学会　平成一八年三月）

10　高橋久子　「鎌倉時代の文献に見られる漢字の通用現象に就いて　其一」　東京学芸大学紀要第二部門人文科学　第五十二集（東京学芸大学　平成二十一年一月）

11　高橋久子　「鎌倉時代の文献に見られる漢字の通用現象に就いて　其二」　東京学芸大学紀要第二部門人文科学　第五十三集（東京学芸大学　平成十三年二月）

12　李妍　「『色葉字』諸本における国立国会図書館蔵『色葉字尽』の位置づけ」国語国文学　第四十三号（東京学芸大学　平成十四年二月）（東京学芸大学国語国文学会　平成二十三年三月）

『消息詞』についての研究

第1刷發行　2026年 1月 26日

著　者　李 妍

發行人　金珍洙

出版處　韓國文化社
郵便番號　04790
住　所　서울市 城東區 峨嵯山路 49、404號
電　話　(02)464-7708
FAX　(02)499-0846
電子郵便　hkm7708@daum.net
URL　http://hph.co.kr

出版登錄　第1994-9號
ISBN　979-11-6919-387-0　93730